教育大未來 1

《教育大未來》系列共三冊

1. 軟體打造**科技大未來**
程式設計是下一代最重要的生存技能

2. 未來**最好**的**學校**
新世代全才教育與創業訓練

3. **超強未來父母**手冊
你不能不知道的11個教養觀念與作法

軟體打造**科技大未來**

程式設計是下一代最重要的**生存技能**

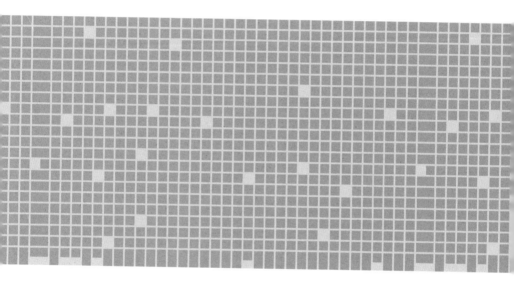

徐宏義
羅曼如　著

推薦

（依推薦人姓氏筆劃序）

我們開辦了一所非傳統教育體制的技術型的實驗教育機構，非常重視數位科技的運用，所有的知識和技術都透過電腦進行，但是人文素養的提高也是平行進行的訓練，包括了文學、美術、音樂、電影及社會關懷。**這套書的出現，正好提供了我們這所學校未來發展的參考，在此推薦給所有體制內、外的老師和家長閱讀。**

——作家、TMS（臺北市影視音實驗教育機構）校長　小野

當我越讀這本書，越坐立難安；我彷彿拿到了開啟未來的藏寶圖，應該馬上行動！數位科技、能源爭奪、全球化……等變革，勢必帶來顛覆性的學習模式，然而大部分人只固守傳統！**我們是「徐氏教育法」的積極實踐者，父母是教育革新的重要關鍵！為了孩子與國家的未來，值得全民推廣並再三研讀！**

——導演、家長　王慧君

針對未來人才的需求，規劃孩子的教育之路，是現代父母必須思考的問題。我非常認同徐氏夫婦在書裏及教學現場的教育理念，更發現在教養孩子的同時，最需要改變的是父母的態度。**沒有勇於嘗試創新思維的父母，孩子的未來也可能受限。讓我們用跳脫傳統的行動力翻轉孩子的大未來！**

——消費高手節目主持人、家長　支藝樺

每個小孩都有獨立思考能力、批判力、溝通力、創造力、寫作力、自學力，分數不再是孩子生命價值的裁斷點，是《教育大未來》三書作者策劃的未來學校藍圖。年輕人讀後會有不同的方向與作法。父母、教育者讀後，能體會新科技和新式教育的思維。

——知名作家　吳祥輝

我最喜歡的一句諺語說：「預測未來最好的方式就是去創造它。」翻開這本書，將讓你建立對未來的認知，書中所寫的不是玄學，而是世界上正在發生的事情，未來早已存在，只是還沒平均分布而已。你可以選擇讓未來在眼前不斷發生，也可以起身行動，參與其中。

——LAB SKOOL 創辦人　吳鉑源

書中諸多主張都打動我的心弦，尤其是作者用媽媽俱樂部、女孩俱樂部推廣女性學習程式設計。我因為科技的能力得以在美國立足，實現我的美國夢。我的兒子張峰也因為科技的教育奠定了他在生物科技研究的基礎。科技教育與程式能力的確可以改變人的一生，我就是一個最佳的見證！宏義與曼如的這三本著作，確實是實現未來教育的良方；讀過的人，一定可以領先別人一步。

——科技公司高級工程師、張鋒的媽媽　周淑均

（張鋒博士為美國麻省理工學院教授，CRISPR發明人之一，二〇一六年唐獎得主）

身為科技創業者，時常觀察家裡兩位小學生的學習狀況，我深深理解到我們必須擺脫舊有的填鴨式教育，讓小孩能獨立思考、挑戰舊有框架、用另類方法解決現有問題才能提升他們的國際競爭力。EDUx的創辦理念與教育方式與我的想法不謀而合。EDUx從程式設計語言學習出發，介

紹簡潔易懂、實用的程式概念，讓學生從小訓練邏輯思考、創新能力與溝通技巧，將能孵化出具有創業家精神，勇於闖蕩，追求夢想的未來領袖；讓他們個個都能成就與創造更寬廣與自由的人生。希望您也認同EDUx的教育理念，為下一代裝備更多的武器與增加更多的競爭能力。

——U-GYM Tech. & AIRSIG Tech. 共同創辦人兼行銷長　余福浩

幾年前認識徐宏義先生與羅曼如女士夫婦，深深被他們對教育創新與改革的熱情所感動，兩位作者致力推動兒童程式教育，強化小孩邏輯思考力、培養小孩專注與細心、增加小孩抽象思考能力，並以他們在教育上的研究與實際教學經驗，開創出一套新的教學方式，相信看完此書後會對您小孩的教育方式有完全不同的看法，開展全新的人生。

——中華民國數位學習學會理事長　林立傑博士

台灣的硬體基礎相當好，但在未來，純硬體容易被抄襲，加上軟體，讓關鍵特色融入軟體，那麼就像倚天劍加上屠龍刀，無堅不摧。如果中小學教育真如作者在書中所描述的學習方式，訓練科技的能力，實施創業的訓練，那大學將會有更多具有好根基的人才可以繼續培植，那麼整個國家的前途將會大大有所不同。我誠心全力推薦作者《教育大未來》的三本書。

——台大特聘教授及創新研究中心主任　林清富

創新創業這個熱門的題目，已經是在我身體流動一輩子的血液。近二十年的寫作生涯裡我寫了七本暢銷書，談的都是以這個題目為中心。近幾年矽谷的創業精神在台灣開始蔚為風氣，欣見EDUx將創業家的精神與訓練置入中小學的教育中，這是很新的作法，我相信如果用正確的方法施行，台灣的年輕學子將會有非常快樂且成功的人生。

——美國橡子園合夥創辦人、羅特斯教育基金會董事長　林富元

如果你擔心家裡小朋友的教育問題，請務必花時間琢磨這套《教育大未來》三部曲。

身為一個六年級後段班創業者、自造者、兩個小孩的父親和一個到了四十歲歲才知道自己正在叛逆期的中年人，時常對學習日新月異新技術感到困擾，也對小孩要進入的台灣教育系統有很多疑問。

因緣巧合下認識了天才徐安廬的母親Joyce，還有她的小兒子Ben。其實我最想知道的，就是Ben的父母親，如何引導這個少年這麼快樂且快速地進入到無人飛機這個快速發展的領域，也很想知道怎麼讓我自己的小孩也這麼快樂並同時擁有在未來世界的競爭力。

很高興的是，作者無私的撰寫了我最想知道的環節。明確的解釋了為何要這樣做、要做什麼跟怎麼做，讓我對孩子未來的教育方向有了個明確的導航點。

——台灣第一家無人飛機公司　智飛科技共同創辦人　林永仁

你知道女性比例較高的企業，實質上賺越多的錢嗎？《教育大未來》這套書中鼓勵女孩學程式設計，舉了許多理由與實例。作者主持的基金會用心積極推廣女孩與媽媽學科技。我身為女科技人也創辦科技防災的公司，極力推薦所有的父母與年輕人閱讀這套書，仔細思考科技能力在未來世界的重要性，重新規劃學習的方向。

——瑞德感知共同創辦人　林筱玫

兩位作者是各自有專業的知識分子，身為父母加上對周圍父母焦慮的關心及對台灣教育的省思，成為教育實踐者。**本書是深思熟慮後的成品。由書寫風格，讀出他們的內省與同理。**筆觸間可以體會到他們一直思考讀者會怎麼想，要如何下筆，如每一冊的導論，仔細說明為什麼寫每一章，所挑選的重點是什麼以及自己的闡述。作者娓娓道來世界上各地許多未來的故事，帶著讀者看到未來已經在眼前。在此前提下，他們倡議創業教育，培養孩子科學思維，創意解決問題的能力。最後，說到做到，全然展現跨界自學，提出教育心理學最新的研究，說明他們對教育的想法與作法。**讀完，你被激勵要想，教育還能這麼走嗎？想改變嗎？翻開本書閱讀是最好的開始。**

——國立中央大學學習與教學研究所教授、前國家教育研究院院長　柯華葳

Joyce和David讓我認識了翻轉教育，也影響了我對孩子的教育方式。這些年來他們除了教育理念的推行，更積極推動各種電腦程式教育，把以往認定艱澀、局限在理科專業才能學成的技能反轉成人人都應該、人人都能夠掌握的能力和適應未來生活的工具。

許多人認為是因著在美國自由的教育體系下才能夠有像徐家三兄弟的優異表現。在美國生活這些年，我能確定他們的表現絕非是文化環境的因素，而父母的觀念才是最大功臣。**這一家人不僅是翻轉教育的理論家，更是實踐者，**看著他們這些年不斷致力於將這股翻轉的動能帶入台灣教育，如今更欣見他們藉由文字和更多為人父母、為人師長者分享，相信會讓更多家長老師產生共鳴，一起加入推動翻轉教育的行列，從自己做起，讓我們的孩子具備探索世界的勇氣和能力、讓他們掌握面對未來生活的工具。

——財團法人福臨文化藝術基金會執行長　祁亞蕾

這套書透過腦神經科學研究，結合作者的親身教育經驗，不只讓您的孩子不被3C產品所控制，反而更能用這些工具的威力，創造他們的未來。

——長庚醫院失智症及認知障礙科主治醫師　徐榮隆

懷抱對科技的熱愛和對教育的理想，David & Joyce剴切地呼籲，我們對於軟體應用發展和程式設計教育，應該投注比現在十倍或百倍的關心。身為耕耘數位教育多年的科技人來說，我非常同意，也很敬佩。我強烈推薦讀者透過這套書，拓展視野，修正觀念，激勵行動，改變自己，也改變孩子的未來。

——澔奇數位及瀚師科技創辦人，史丹福電腦碩士、哈佛商學碩士　孫憶明

一群創新天才積極創辦一個未來最尖端科技的全人教育，改變世界未來分享學習並共享經濟的創業新商業模式。他們倡導與創辦動手去做、自我探索、高層次頂端技能科技的未來學校，讓所有人擁有最新創業科技、勇於創業、改變世界！

我認為EDUx School Moonshot Project是世界級頂尖新創！

——馬可瀚創辦人、商業周刊／先探投資封面人物　許芸融

無論您是在學學生，或是已入社會的年輕人；又或者您是教育工作者，或父母，都應該參閱《教育大未來》套書。為自己、為您的學生或孩子，建立一套足以迎向未來，創新學習的教育觀念與態度。

——華視副總經理、中廣新聞網節目主持人　郭至楨

程式語言、創業精神、創造力、自我學習及分享與分工合作能力，已經成為這一代孩子面對**巨大社會變遷、迎向未來世界挑戰的必備條件**。但很可惜，這些都不是目前台灣主流教育所看重的，甚或說反其道而行。

身為小四生的家長，無力感不言可喻，但也不應忘記，影響孩子最大的還是家庭教育。因此，我們是否能成為他們品格養成過程中的好見證？是否能勇於追求仍非主流的科技教育價值觀？是否有足夠的好奇心協助孩子探索大未來？是否能及早培養他們獨立思考、解決問題及生活自理的能力？有趣的是，我們本身也受傳統教育的束縛，**如何破繭而出而不是作繭自縛將是身為家長最大的挑戰，這正是此系列書籍帶來的啟發**。

——活水社企投資開發共同創辦人、家長　陳一強

科技與教育是人類改善未來最重要的工具。我在台灣、香港、新加坡積極的推動科技人才的培育，做改變年輕人的未來的事；**這是一本改變教育的寶典。幫助我們的下一代擁抱科技、啟發他們的創業家精神**，才能開創一個更好的未來。讓我們大家一起來！

——亞洲最大新創學校 ALPHA Camp 創辦人　陳治平

在創新創業的時代中，我很贊同下一代應該從小培養創業精神，**要有擁抱創新事物的好奇和熱情，也勇敢面對未知與不確定**，所以，我相信無論是年輕父母或年輕工作者，都可從本書獲得助益。

——《數位時代》執行長　陳素蘭

泰美教育基金會一直致力於屏東地區兒童教育的推廣。我們非常認同EDUx培植孩子科技教育的理念，除了邀請Joyce親臨泰美舉辦親子教育講座，也曾用Google Hangouts的方式合辦台北、屏東的Hour of Code（一小時學電腦程式）活動。

要培養孩子具有創造未來世界的能力，就需要創新的教育方法。《教育大未來》這套書指出了和傳統教育非常不同的一條道路，**提供我們家長和教育者一個全新的方向。**

——泰美教育基金會執行長／泰美親子圖書館館長　張智惠

當學習發展成如同工廠流水線般進行著，一頓掙扎過後還剩下什麼？現在主導權開始回到自己手中，越是清澈透明的眼越能發現更多資源及可能性，**相信《教育大未來》讀者都能和我一樣享受在開創與探索未知的喜悅當中。**

——航見科技執行長　張東琳

人生直到過五十才領悟一件事，如果能夠重來，我會選擇自己創業；這也是我會給年輕人的建議。因為創業精神正是學習者最佳的態度；生逢網路時代，更是創業大浪潮的時刻。**這本書有太多實證和論點讓人不禁擊掌叫好。**真心相信，善用網路科技，是一個最好的學習和教育過程。

——串樓口議題社群社長　莊豐嘉

我們認為藉由徐氏夫妻用心編寫的《教育大未來》套書，可以讓更多人了解這世界正在快速不斷地在改變！透過《軟體打造科技大未來》為未來生存技能作準備，軟體的影響已經無聲無息的深入每個人的生活習慣，主宰著大家；《未來最好的學校》潛移默化培養創業家所需的思考模式及技能知識，拓展國際視野；《超強未來父母手冊》的腦神經科學實證，徐氏新教養法教您小孩子碰到困境如何能獨立思考與解決問題。**這套書結合科技、創業訓練、新教養法，多元創新思維來面對未來的世界，是不可多得的好書，絕對值得閱讀推薦並加以傳遞！**

——Dynasafe 業務專案經理　黃生發、家長　劉桂蘭

沒有一個教育制度可以把不是天才的學生教成天才，但是不好的教育方法可以毀掉天才。這世界上的天才，遠比我們想像中要多。但為什麼我們在臺灣看到的這麼少？**作者夫婦結合了他們在臺灣和美國雙重的經驗，比起直接翻譯美國教育家的書，更能切中臺灣教育的問題和家長的心態。**

書中有很多故事與我的個人經驗契合。**希望自己的孩子能充分發揮他的天份嗎？那你該讀這套書。**或許你現在的作法已經是正確的了，那看完你會更有信心。

——和沛科技創辦人兼執行長　翟本喬

我姪子在大二時很幸運的接觸到EDUx，上完課後他直說真的是太晚學到這些課程，讓他眼界大開，對自己、對未來更有自信和想法。

好的教育方針會讓個人和國家的未來變彩色，宏義和曼如一直在這領域努力，以我姪子的改變，**我確信他們的教育理念與方法真的可以為台灣培育出更好的人才，**而這些人才未來的生活一定是彩色的，他們一定也會讓台灣翻轉向上。

——創業者、家長　歐金月

篇幅所限，部分推薦僅能節錄，全文請見本書網站：edux.tw/books。

獻給

我們的父母，

我們的孩子——安廬、安祺、安心
——以及他們正在幫忙打造的世界。

To

Our Parents,

Our Children - Andrew, Patrick, Ben -
and the world they are helping build.

CONTENTS

如果你聽到的只是每個人都在說的話，

你就只能想每個人都在想的事。

——徐宏義

If you only hear what everyone is saying, then you can only think what everyone is thinking.

——David Hsu

作者序

找回孩子的學習熱情

我們因為出國旅行時差的關係，回台灣之後，有時早上四、五點就醒了，偶爾我們會到附近的大型公園運動。大約七點鐘左右運動完，走回家的路上，剛好是中、小學學生上課的時間。我們站在校門外看著他們魚貫走進學校，很訝異的發現這些大大小小的孩子神情都很呆滯，應該說面無表情，身上背著書包，手上提著便當盒，幾乎沒有人說話，大家安靜的開始又是一天的學校生活。

在旁邊的我們，感受到他們身上的壓力，和凝重的氣氛，我以為這是特殊的狀況，還特地跑到不同的學校去看，每次看到的都是令人難過與心疼的景象。小孩子的臉上在任何時候都不應該出現那樣的表情，可以看得出來他們對於那天的學習完全沒有興奮的期待。

我不禁在想，這樣的學習怎麼會有效果？怎麼會不影響他們一輩子對待學習的態度？

我們的答案

自從EDUx開始在台灣運作以來，我們接觸到許多台灣的家長和孩子，深深體會到他們對教育、對未來的焦慮。這些父母期盼的臉龐及殷切的眼神，和孩子早上走進校園臉上的表情，一直深刻烙印在我們心中。

多年來，我們希望為台灣的教育做點什麼的心願一直在心中縈繞不去。幾年前，我們開始思考如何以完整的形式交代我們對科技與教育連結的多年心得，這一本書是我們的答案，是為所有的父母與台灣的下一代而寫。

這是我們想像中的讀者：你是一位正為自己前途打算的大學生或社會人士，你是一位想知道小孩應該怎麼教育才能有美好未來的父母，你是制定或執行國家教育政策的教育界或立法人士，你是第一線的老師或校長，你是對前途及未來的概念還很模糊的高中生或國中生，或者你只是好奇或擔心未來科技世界是什麼樣子，它如何影響我們生活的每一個層面，你現在能做些什麼準備。

我們在這本書裏寫的每一個字，都是全心全意為你而寫的。

我了解書裏特殊的文字風格及獨行的觀點或批評，或許會令有些人覺得不適應、不舒服，甚至不快，但請了解，這是一個知識份子對故鄉無保留的真心和高度的敬意。我在國外那麼多年，看到、經驗到許多進步的事情和做事的方法和經驗，很多時候，我看到台灣大多數人已經習慣於某些固定的作法和思想模式，從來也不覺得很多現行的作法有什麼不對，但這許多的事情及背後的心態正是阻止我們進步的障礙，只是我們生活呼吸在其中，因為習慣而看不見了。

我必須要說，台灣對於這些自以為知道、卻又不真正知道的問題，解決之道，或者僅是解決一小部分的辦法，可能在於聆聽一些新的觀點以及來自外部的一些作法。

有位智者曾說：「一次又一次做同樣的事情，然後奢求不一樣的結果，那真是瘋了。」（Insanity is doing the same thing over and over again and expecting different results.）我認為我們現在的困境就在這裏，繼續採用舊的作法，奢想要用那樣的方式來解決現在的問題，最後會是徒勞無功，白忙一場；說得更清楚一點，我們無法解決我們不知道存在的問題。

真正的解決之道

教育不是只有課綱、考試和升學的問題，教育的關鍵在於未來的世界會怎麼發展，我們現在要做什麼，怎麼去培養有能力解決未來的問題與局面的人，這才是根本之道。沒有去思考解決這些最基本的問題，談教育改革只是隔靴搔癢，在水面上激起一些漣漪而已，對於真正需要的改革，事實上毫無助益。

我當然不是在暗示或明示洋槍大砲就可以解決我們的問題，但是至少我們要知道洋槍大砲長什麼樣子、在哪裏、怎麼操作使用，再來看看洋槍大砲對我們是不是真正有用，這些需要長年的研究和經驗的累積，不是幾個官員頻頻出國考察，各處轉一圈可以看到的。

淺碟文化確實瀰漫、包圍著我們。真的，如果我們什麼都有，什麼都懂，那為什麼我們愈來愈落後？或者說，相對於別人，為什麼我們表現得愈來愈差？當然，你可以舉出一些數據，說明我們強過別人，過得比別人好。但是那些數據違反我們的經驗、我們的感受，大家很清楚知道，我們整體的表現如何，特別是和新加坡、韓、日、中國大陸相比，我們在哪裏？

當前與別人的比較是重要的，但是更重要的是，我們的走向是往上還是往下的趨勢？如果目前我們落後，但是趨勢往上走，那我們是有希望的。反之，如果我們是在往下走，不管現在我們是在哪個位置，未來是堪虞的。我們究竟是在往上或往下，不須我來置喙，問問路上的民眾和學生，看他們給你什麼答案就夠了。

不管我們現在情勢如何，也不管我們現在是往上或往下，如果我們能想辦法看見問題，計畫未來，我們就有可能扭轉局勢，反敗為勝。

由敗部復活

反敗為勝並不簡單，在歷史上卻經常出現。拿運動來說，令人難以忘懷的敗部復活，最後跌破所有人眼鏡的故事當屬二〇〇四年大聯盟美國聯盟的冠軍賽，波士頓紅襪隊在七戰四勝賽制中已連輸三場，世敵紐約洋基隊只剩一場就可以壓倒性取得美聯冠軍。沒想到從那一點開始，紅襪隊一場一場的贏回來，不可思議的連贏了四場球，最終以四比三氣走洋基隊，取得聯盟冠軍。

挾著連勝的氣勢，在世界大賽中對上聖路易紅雀隊，再連勝四場，打趴紅雀，贏得世界冠軍，終止了紅襪隊連續八十六年與世界冠軍無緣的噩運，也打破了著名的的Bambino詛咒。

同樣不可能的任務在二〇一六年NBA的冠軍決戰又重演一次，金州勇士隊挾著例行賽打破NBA紀錄的七十三勝九負的超強戰績，以勢如破竹姿態進入NBA的冠軍賽，馬上先贏了兩場，二比〇的絕對領先優勢下，LeBron James領軍的克里夫蘭騎士隊好不容易在主場討回一勝，比數成為二比一；接著勇士隊再勝一場，以三比一領先。

在NBA的歷史裏，有多少隊曾經在三比一落後的頹勢中最後贏得了冠軍？答案是零，從來沒有一個球隊可以從三比一的谷底裏跳出來。偏偏破歷史紀錄就在二〇一六年發生了，騎士隊在三比一絕對落後的劣勢中連贏了三場，最後贏得NBA總冠軍。

這說明了什麼？說明了天下真的沒有不可能的事，只要相信自己，背水一戰，孤注一擲，所有人匯集智慧和精力，沒有什麼是不可能的。

台灣如果能認識到退一步就是懸崖，再無退路，民心一致，眾志成城，一定可以反敗得勝。如果還是自滿，看輕對手，不承認自己目前落敗，那就要面對難以翻身的殘酷事實。因此，在這本書裏，我們嘗試描述新科技如何快速的在定義未來世界的樣貌，科技將如何影響教育，軟體主宰未來，程式設計要如何學？

我們接著闡述「現在」應該要怎麼做，來逆轉節節退敗的局面。如何在新觀點、新作法之下培育優秀、具國際競爭力的人才，不但要超越我們的對手，而且為我們的下一代準備一個美好的未來。

我們在想，這不就是我們這一代的責任嗎？

我們急切的想要和你分享許多新的發展，這本書提出了包括程式設計、新科技、腦神經科學、人工智慧、機器學習（Machine Learning）等等，許多與未來世界有關的題目。

對許多人來說，或許看了會有點暈頭轉向，但是我們謙卑的邀請你，耐心的讀完這本書，我們相信，讀完整本書後，你對自己或小孩以及台灣的前途，會有不同的看法和作法。

家長或老師在讀這本書時請注意，當我們提到「你」的時候，請讀成「你的孩子」或「你教的小孩」；正在大學念書或已畢業的年輕人在讀這本書時，我們提的「你」，就是針對你提出的意見。

活在未來

有一家著名的雲端科技銷售管理系統公司叫Salesforce，創辦人叫 Marc Benioff，是一位非常成功的創業家。他的師父（Mentor）是Apple電腦的賈伯斯（Steve Jobs）。他說賈伯斯向他說過對他影響深遠的一句話：「Be Mindful and Project for the Future.」（要警覺，要計畫未來。）這真是一句太重要的話，一個人或一個社會現在的好壞就是過去所做一切的累積，因為現在就是過去的未來。

Marc Benioff創辦Salesforce之前在Oracle工作，他的另一個師父就是他的老闆，也就是Oracle的創辦人Larry Ellison。他說他們常開玩笑說，Ellison說話時常把文法的時間順序搞錯，老是把現在式當未來式用，明明還沒發生的事，他說起來好像已經發生了。他老闆的這個態度教他，成功的領導者想的永遠是未來，不是現在。

世界有名的冰球選手Wayne Gretzky曾經說過一句名言：「你得滑到冰球圓盤（Puck）要去的地方，不是到圓盤去過的地方。」

把未來看成是現在才是追求成功的人要做的事。

我們常聽人說：「活在當下」，這是一個錯誤的觀念，錯誤的觀念導致錯誤的作法，最後導致失敗。每個人和每個國家應該「活在未來」，為未來目標而活，這就是賈伯斯那句話的涵義。

這就是為什麼我要花那麼多時間談未來是什麼樣貌，有部分未來其實已經來到眼前。如果不知道這些，以為未來科技的進展和走向與自己毫無關係，那就是在背棄自己或孩子的未來，因為未來很快就來到，沒有長期為未來準備的一群人，就會是失敗的那一組人。

我喜歡看運動比賽，主要的原因是從比賽裏我可以學到、體會到很多的道理。我什麼運動都看，有一次看到奧運射箭比賽，發現那些神射手真是不簡單，他們的目標看似固定，但因為在戶外，必須把風向，風力，風速全考慮進去，選手不能往目標直直射出去，那樣箭飛到靶心的時候，早已偏離紅心。他們必須要射歪的，箭穿越空氣，被風帶動偏向，一面往前，一面水平或垂直平移，這些因素全部加在一起後，箭射到靶的當口，才能不偏不倚的射中紅心。

靶心就是未來我們所欲達到的目標，而風的因素就是現在到未來之間所會產生的變化，如果不去思考未來可能的變化，絕不可能成為未來的贏家。

如果你還循著舊方法、舊思想、舊教育、舊教養、舊心態、舊知識、舊制度去教養孩子，所能得到的就是一個無法適應未來世界的古人。

「為未來準備」就是這本書的訊息，也就是為什麼我要談科技，談未來，談軟體，談程式設計是什麼，為什麼要學程式設計，怎麼選擇程式語言等，這裏面每個題目都非常重要，都不能不知道。

這本書最終要傳達的是，未來是在變動中的，以不變應萬變只會領自己走到死巷中。觀察未來，思考未來，計畫未來，因應未來的變動改變自己的方向，就像神射手在屏息凝神中，必須計算瞬息萬變的風力風速，跟著改變他射出的力道和方向，才會有正中紅心的機會。

你聽過Kodak（柯達）、Reader's Digest（讀者文摘）、安隆（Enron）、WorldCom、雷曼兄弟（Lehman Brothers）、百視達（Blockbuster）、Schwinn Bicycle這些名字嗎？這些都是名震一時的大公司，因為他們沒有計畫未來，守成不變，堅持錯到底的結果就是被掃進歷史的灰燼當中。大家要以他們為殷鑒，不要重蹈他們的覆轍，成為被未來淘汰的人。

My Voice（我的聲音）

我在上國中剛開始學英文之後，偶然讀到一篇文章，那篇文章內容是什麼，是誰寫的，我已經不復記憶，只記得作者說的一件事：學英文不要用中英對照的字典，要用英英字典，也就是說要學習用英文解釋英文的單字。我信了他，同時讀到林語堂推薦H. W. Fowler編的《袖珍牛津字典》，我馬上跑出去買了那部字典，每天抓在手上把玩和閱讀，很快的，我幾乎把那大半本字典全部吞下肚。

從那個時候開始，我從不看翻譯的書，都是找原文書來讀，看電影也從不看中文字幕，到了高中，別人在讀中英對照的刪節本小說時，我已經老早讀完《戰爭與和平》、《白鯨記》、《紅字》、《傲慢與偏見》……等等，許多大家耳熟能詳的大部頭英文原著。

自國中開始，我的中文和英文的學習完全脫鉤，直到大學上翻譯課才學中翻英、英翻中。我從小看一堆中文書，連違禁的大陸作家作品都看，中文和英文的對譯難不倒我，馬莊穆（John McLellan）老師給了我全班最高的九十八分，可惜當完兵出了國之後，碰中文看中文書的機會變得很少。研究所畢業、出了學校之後就業和創業，也沒有機會使用中文。在蓋房子期間，有一次和我父親交談時，還把3／4吋（three quarters of an inch）說成三分之四吋。

我的思考方式已經變成全英文式的思考，英文的思考方式使得我在寫作或表達的時候，還是慣用英文，要寫中文的時候，我通常先用英文寫個大綱，決定要談的大致方向和重點，下筆時先在電腦上用英文寫出來，然後再把英文的思路用中文寫一遍。

我在寫中文的時候，有時會衍生出新的想法，那就繼續用中文寫，碰到一些詞或找不到正確的中文詞彙時，我就把英文留在中文裏面，於是變得有時候會出現中英夾雜的狀況，這不是很理想，因為我實在不喜歡中文裏夾雜英文，但是抽掉那些英文，我想表達的意思就不到位，為了保留原意，這也是沒有辦法的事。這和用中文寫作、中文思考，然後加些英文點綴的情形完全不同，這是我要請讀者見諒的事。

後來讀到日本小說家村上春樹在他的自傳《身為職業小說家》提到他是怎麼開始寫小說的。他說有一回在看棒球賽時，打者擊出二壘安打，球棒打到球時發出清脆悅耳的聲響，響徹神宮球場，而這聲響也好像打中了他的心靈，好似有一個聲音在告訴他，對了，

「說不定我也可以寫小說」。

他馬上跑回家開始寫起小說來，但是他沒有看過太多日文小說，也不知道怎麼寫小說，寫了好幾個月寫不出來。這時他突然想到，他讀過許多英文小說，何不用英文寫寫看；但是以他的英文程度，只能用簡單的文字表達，不過這樣反而有個好處，因為文字簡單，再由英文轉譯成日文時，反而發展出獨特而簡潔的文體。

或許我和他使用英文寫作的出發點不同，但由英文寫作，再轉回中（日）文，是很有趣的雷同。對我來說，這是最自然而有效率的方式，雖然要寫兩遍怎麼看都不能說有效率，但比起來來回回怎麼寫都不順，確實快多了。

交代了我求學過程中學習中英文的始末，主要是要向讀者說明，如果讀我的文字，有時候覺得像是在看翻譯，那是因為有部分文字確實是翻譯的，雖然不是直接翻譯，但是思考模式是英文的。翻譯的不是別人的文章，而是我先用英文寫出來，再用中文寫一遍；那是我覺得對我來說，最自然的寫作方式，我在乎的不是用哪個語言表達，而是我想要傳達的思想和觀念，那才是我希望讀者集中注意力去獲取的東西。

因為擔心讀者覺得突兀，因此在此處特別畫蛇添足的說明背景原因。另外，因為我研究的資料、閱讀的書籍和期刊，全部都是英文的，我的經歷大部分以美國的科技與商業、教育發展為主，因此所舉的例子偏向西方世界，也在此處一併說明。

中文翻譯說明

關於書中提到或用到的英文字，主要是專有名詞或為了準確傳達所必需，在可能的範圍內，我盡量提供中文的意思，但因為我無閱讀專業中文資料的習慣，並不知道許多專有名詞約定俗成的中文用辭，這包括教育、心理、哲學、電腦、科技、腦神經科學，也包括文學、電影等用詞，特別是書名、電影名、人名等翻譯名稱。

我的作法是直接寫成中文，雖然有時欠缺優美，但這樣最能保存原文的意思，而那是我認為比較重要的。事實上，許多專有名詞或名稱的中譯不但拗口，而且拐彎抹角，原意盡失，雖然大家都這樣用，我並不敢苟同。

但如果意譯得不好，責任在我，還請原諒。我的藉口是，要精確的表達自己的意思，需要思前想後，字斟句酌，經常還沒法說清楚，把意思傳達得沒有誤解，更何況是把別人講的話跨過兩種語言，翻譯成本國文字，這絕對是一件吃力不討好，而且懂或不懂的每個人都有不同意見的事。

所以雖然我只讀過日文翻譯成中文的翻譯書，對一般翻譯作品的品質，只有非常粗略的印象，但我對譯者還是充滿了敬意。雖然我始終不免會在想，夏目漱石、川端康成，或村上春樹，他們真正的面貌和口氣真的是如中文翻譯所詮釋的那樣嗎？

「我」和「我們」的用法

我們在書中自稱時使用「我」，有時候也會使用「我們」，事實上代表的是同一個意思。如果要特意分明，通常在談到個人經驗時，會選擇使用「我」表示個人的經驗，使用「我們」則表示兩位作者共同之經驗。「我」和「我們」的互用，應不致造成閱讀時的困擾，在此特別說明一下。

書裏提到讀者或小孩時，我們會使用「你」、「你的小孩」、「他」、「他們」，而未用「妳」、「妳的小孩」、「她」、「她們」，我們其實指的是包括男性與女性在內的讀者，之所以用男性的代名詞，原因是缺乏一個更精確、可同時代表兩性的字。許多英文著作在提到單數的「他」或「她」，也有同樣的困擾，有些作者會從頭到尾使用she或he其中一種，也有人she和he在書中互換使用。我們在沒有任何特殊理由下，選擇使用男性的「你」和「他」，但是心裏設想的讀者永遠包含女性和男性，也在此一併說明。

導論

這本書的內容很多，結構也有點複雜，因此在這裡請容我們做些簡單的導讀。

未來已經在我們的生活之中

本書的第一部分描述未來世界是什麼樣子。第一章講軟體正在吃下全世界。矽谷著名的投資人Marc Andreessen在二〇一一年八月二十日在《華爾街日報》發表了一篇文章〈Why Software Is Eating The World〉（為什麼軟體正在吃下全世界），他由零售、娛樂、音樂、電玩遊戲、電影、攝影、電訊、汽車、石油、天然氣、財務、醫療、教育、國防等各個層面分析軟體的威力，舉了許多例子證明軟體已經在整個科技發展上佔有主導地位。

當然，強調軟體的發展，並不在於否定硬體的重要性。事實上，每一項硬體產品都需要許多軟體來控制，現在發展中的無人駕駛汽車，車上配備許多的電腦和感應器等各式各樣的硬體，這些硬體零組件要工作，全都要靠軟體從中奔走接續，把這些硬體串連起來，才能竟全功。所以未來的世界，當然是軟體當家的世界。

我們都知道，人類的社會不停的在往前走，這是個不變的趨勢。但是光知道這些是不夠的，甚至是危險的，因為我們常會因為知道世界大概的走向，而忽略了更重要的事情，那就是它往前的速度。

人類社會在不同時期進步的速度是不同的，我們會以過去的經驗來設想將來進展的快慢，但這是個危險的假設，因為如果假設錯誤，我們很有可能措手不及，連應變的時間都沒有。這不是危言聳聽，而是每天都在發生的事情。大家看到關廠的工人以及工作被機器取代的收費站雇員在抗議，覺得和自己無關，但真的是這樣嗎？

美國有一位作家Garrison Keillor，寫了一本小說叫《烏比岡湖日子》（*Lake Wobegon Days*），烏比岡湖是一個位在明尼蘇達州草原邊緣的小鎮，它是一個數十年都不變，被時間遺忘的小鎮。在這個小鎮裏，「所有的女人都很強壯，男人都長得好看，小孩都是中上之資。」這是他們對自己的評估。真象是，小鎮的人坐井觀天，生活在夢幻中，他們自以為是的都不是事實。後來有人就稱這種自我感覺良好，卻與事實不符的現象叫烏比岡湖效應（Lake Wobegon Effect）。

同樣的效應，心理學家則有一個比較學術的名稱，叫Dunning-Kruger Effect，或Illusory Superiority（優越幻覺）。David Dunning和Justin Kruger是康乃爾大學的心理學家，他們研究發現，能力低的人，常常會把自己的能力想像得比實際上高出許多，無法真正了解自己的程度在哪裏。Dunning和Kruger對這種現象的解釋是某些能力不足的人缺乏自我評估的能力，以至於產生內在的幻覺（internal illusion），錯估自己所在的位置。

如果我們認為自己並非藍領階級，被遣散或工作被取代與己無關，就是犯了Dunning-Kruger效應的錯覺，以為可以自外於科技的進步或社會根本的變革。在新科技的巨輪下，現行的教育制度和學習方式早已過期。有人說，學校畢業後發現所學的東西已經過時。實際上，這樣的說法也是錯的。如果真要說的話，說上半年或去年學的東西已經過時還比較接近事實。

問題在於，許多學校教的東西，老早已經是過去式，將來要用的知識、應該具有的能力，卻是學校完全沒有教的，這才是令人擔憂的事情。

關廠工人可以責怪政府沒有未雨綢繆，缺乏應變方案，但沒有辦法改變受傷害的是自己的事實。同樣的，父母寄望政府趕上時代，改革教育，卻忽略了政府即使做得不錯，也只能趕上它所看到的時代，改革它所知道的教育，這是最好的狀況。但即使是最好的狀況，仍然不足以應付新科技帶來的大變動，這是危言，但卻是事實。

探索了軟體的威力之後，我們在第二章開始介紹在未來學家眼中，將來的十年、二十年、三十年、四十年、五十年，人類的世界——不只是在地球上——會是一個什麼樣的面貌。甚至人類自身在人工智慧、機器人，以及尖端生物科技的快速發展下，會變成什麼樣子。這裏面的分析，或許會令某些讀者覺得不可置信或完全不同意，但我們的目的是詳實的描述最有可能的未來，就像哈佛教授，也是未來學者George Church說的，「**不管喜不喜歡，你自己要去習慣未來。**」

第三章說明未來其實已經在我們伸手可及的範圍內，許多我們以為還在未來的事，其實都已經在我們的生活裏。就如同William Gibson講的名言，「**未來已經到了，只是沒有平均分布罷了**」。**還沒到我們這裏來的東西，並不表示在地球上不存在。**

如果它存在，我們就應該及早認識，及早應變。如果以為晚過幾年沒什麼差別，那就是忘記了世界的競爭是相對的，也就是說別人前進，我們雖然不動，其實和別人相較，我們是在往後退，這是很淺顯的道理。坐過火車，頭往窗外看過的人都知道，火車往前開動時，車站是在往後退的，火車加速愈快，車站後退的速度就更快。

本書第一部分的總結是，軟體正在吃下全世界，新科技正在快速把人類帶向一個新時代，而這新時代的雛型已經在我們眼前。

如果你是年輕人，或許還在學校求學，或許已經步入社會，對於這樣的新世界，你該怎麼準備自己？

如果你是父母，你的孩子在未來十年、二十年內也要步上舞台的中央，你希望他能平安、快樂，這是一定的，但是你也同時希望你的下一代活得有意義、有貢獻。

如果是這樣，你不能繼續睡在烏比岡湖畔，徜徉於只存在幻境的桃花源裏。請往下繼續讀，裏面提供了我們的答案。

一小時學電腦程式的效果

在美國的大賣場（如Costco）或超市（如Whole Foods）常有許多給顧客試吃的小攤位

擺在賣場各處，我不吃這些試吃品，但常看人像逛夜市一樣，吃了一攤再換一攤，逛完之後，肯定吃飽了。我曾經問過大賣場的經理，這種試吃的效果如何，我指的是對銷售產品是否有效，他說效果非常好，我想這個就是人性。就像在台灣有些水果攤的老板會放些水果的切片，讓顧客嘗鮮，我看吃的人大多會買，買了水果之後，回家打開之後甜不甜，那就看老板的良心了。

我在本書的第二部分（第四章）談到現在全球最熱門的Hour of Code（一小時學電腦程式）之緣起和全球各國爭先參與的過程。Hour of Code是矽谷一對伊朗移民後裔兄弟Hadi和Ali Partovi想出來的，它吸引全世界的人——特別是小孩子和弱勢的族群——一起來體驗電腦程式設計。

如果把這對兄弟比喻成賣東西的商人，他們想賣的東西並不是「一小時學電腦程式」，雖然那是他端出來的東西，但那只是試吃品，他們真正要賣的，也就是他們的最終目標，是要**推動下一代長期來學電腦程式設計**。

他的作法看起來沒什麼特別，卻是非常聰明的手法，因為電腦程式給人的印象就是專業、困難、無趣，簡單的說，就是很難。但真的是這樣嗎？其實不盡然，視覺程式設計工具的發明（如麻省理工學院發明的Scratch），讓寫程式變得很容易，連四、五歲的小朋友都可以做，每個人都可以學得很開心，很有成就感。

程式設計是軟體開發的根本，而軟體是未來科技社會最重要的核心。沒有軟體，所有的硬體全部都要停擺，人類文明的基礎建設（Infrastructure）整個就會摧枯拉朽的癱瘓掉。所以程式設計是很重要的。它同時也是地球上每個國家未來競爭力的指標，哪個國家的軟體開發能力強，它就能在未來世界裏吃香喝辣，否則就是吃癟，這是再清楚不過的事了。

所以各國在以前是競相做軍備武器競賽，而現代的競賽已經改成軟體的競賽。美國了解這一點，所以當Partovi兄弟成立非營利組織Code.org開始推動程式人才的培養時，美國各大企業搶著參與，政府也不落人後，歐巴馬親自帶頭參加，寫下美國歷來總統的第一行程式，同時也積極的參與錄影和演講，告訴美國的下一代，國家要維持領先，要有更多的人投入程式設計的行業。

問題是，怎麼做？答案是，先來試一個小時再說。多數的小朋友試了一個小時之後都會說，我喜歡，我要學程式設計。Hour of Code聰明之處就在這裏，如果一開始就推動全民學程式，那麼阻力會很大，參加的意願也會很低，除了大家還不了解程式設計是什麼之外，主要是程式設計難學的形象和不知學了能做什麼的疑慮。

在這一章裏，我也談到Hour of Code的資源在哪裏。Code.org和參與夥伴們的作法是把所有的資源放在網上，讓所有有興趣讓小孩參加Hour of Code活動的單位，不管是學校也好，社區也好，教堂也好，甚至自學家庭或任何小團體都好，都能自己上他們的官網，在眾多的選項裏選擇合適的工具，由老師、家長、志工大哥哥、大姐姐帶著小朋友來學習，這是多麼棒的一件事！所以我把他們提到的資源，大致列舉了一些，供不同團體自由選擇。

接著，一個常被問到的問題是，「一小時學電腦程式之後呢？」當然，這也是Code.org等著大家來問的問題。他們在官網上也放上了更多的學習資源，這些都是比較長期的學習資源，因此我在提到「Beyond Hour of Code」（一小時學電腦程式之後）也羅列了一些。除此之外，我還提到Code.org並未提到的一些其他學習資源。

接下來，在第五章，我提到EDUx如何在二〇一三年年底，幾乎和Code.org同時，在台灣開始推動Hour of Code的公益活動，我們用個人的資金與力量，去任何要我們去的地方，推動小朋友學程式的活動，我們在臉書、部落格裡宣傳學程式的好處，我們連絡政府的單位和私人機構，只要他們願意聽，我們就去。

除了台北之外，我們跑到台東、屏東、高雄、台南、台中、桃園，我們不在意花多少錢，有多辛苦，只想做一件事，那就是推動我們心中的夢：**把台灣變成軟體科技之島，成為世界的軟體中心**。

在我看來，那是解決台灣的經濟、社會、政治，以及最令我痛心的各種汙染的根本之計。這個夢當然不可能由我們單獨來完成，但只要這個夢想可以得到許多人的認同，並且大家攜手朝這個目標邁進，那台灣是有希望的。

我也在本章裏提到我們推動Hour of Code的十一點心得，其中包括給小孩學程式的建議，以及給政府在培養台灣軟體人才的建言，我也簡單說明了新加坡的作法，和新加坡能給台灣什麼啟示。

我提到新加坡這個國家並不是隨口說說，台灣常有人拿新加坡土地不大來調侃，這是一種夜郎自大的心態。新加坡的努力和成績有目共睹，總理李顯龍剛訪美回來，如果你有在注意，歐巴馬總統用最正式的國宴款待，從到場參加的美國各界重量級人士，就知道美國非常重視新加坡這個盟友。

新加坡的經驗絕對有許多值得台灣借鏡之處，如果我們只自滿於小確幸，全民運動只是討論吃東西，然後經濟直直落，教育還是古時候那一套，那我不知道我們以後要吃什麼。

小孩學程式設計的理由

本書第三部分談到，為什麼小孩需要學電腦程式設計。關於這個議題，我們在二〇一三年底在把美國的Hour of Code（一小時學電腦程式）免費公益活動帶到台灣來。那時候，家長會問：小孩需要學電腦程式嗎？會不會太小？學了有什麼用？

幾年後的今天，許多報導提到有若干國家已經把小學生學程式規畫到正式的學校科目裏，雖然晚了好幾年，台灣也終於依樣把程式設計放到新的課綱裏，大家好像準備好了，蓄勢待發，小學生要來學程式了。

問題是，為什麼要學程式設計？教育人士說，學程式是學邏輯思考。再問下去就沒有了。老師如此，教育者如此，其他人更遑論懂得了。小孩子為什麼要學程式設計的理由其實比表面上看到的要深得多。

我們在這一部分裏詳細解釋了為什麼要學程式設計的道理，我們提出了十一點理由，但是魔鬼真的藏在細節裏，有幾條或每一條理由是什麼不重要，重要的是我們在解釋那個理由的細節，了解體會這些內容，對於我們為什麼要做這件事，怎麼做都很必要。因為知道「為何而戰」提昇我們的動機，讓我們碰到困難能堅持下去。

在不懂的人沾點醬油、品味一下就以為學到了，就沾沾自喜的離開的時候，堅持下去的人才會看到自己領先的差距。

如果你是大學生或已畢業的人，請你仔細看這一部分，因為它和你息息相關，不管你的專業是什麼，**程式設計是未來人的基本訓練，從事任何行業都會用到**。說得更精確一點，程式設計所學到的對於你從事任何一件事都會有很大的助益，理由請看書的這一部分。

在美國，已經有許多人參加三個月到一年的程式設計密集訓練後，轉業成功，找到電腦程式設計的工作。對於不喜歡、不看好自己目前行業的人，程式設計絕不是天書，考慮轉行學程式設計，加入軟體開發的行列，絕對是一件可行的事。

我們開辦的「科技媽媽俱樂部」（Tech Mom Club）及「科技女孩俱樂部」（Tech Girl Club）鼓勵媽媽及女孩學程式設計。理由很簡單，程式設計是一件特別適合女孩做的事。

第一，程式設計不是純科學，它和設計連在一起，很需要美感。而許多女孩子的長處就是設計和美感的結合。

第二，程式設計是軟體，不是體力活，女性天生適合這項工作。

第三，軟體行業或新科技行業缺乏女性，因而需才孔急，女性在這一行裏會有先天的、或者更正確的說，有競爭的優勢。女孩子沒有理由不擁抱程式設計。

第四，媽媽們常要負擔在家照顧小孩的工作，隨時可以在雲端工作的程式設計是天上掉下來的禮物，媽媽學會程式設計後可以在家開創副業，這是一舉數得的事。

如果你覺得可能，沒有任何人可以告訴你，你做不到。

我們還需要說更多嗎？

科技的進步代表人類的壽命會迅速拉長，就如同你無法想像以前人類活到三、四十歲就結束了，你也無法想像科技是否可以將人類的平均壽命延長到一百歲、一百二十歲、一百五十歲，或超過二百歲。

不管怎麼說，你可以這樣看，如果你現在是四十來歲，你應該把自己看成是二十來歲；如果你是六十來歲，可以看成是三、四十歲。如果你同意這個說法，那你就會同意，你還有許多年可以活。

因此，幫你自己一個忙，不管幾歲，開始學寫電腦程式。

那麼學程式設計可以做什麼呢？

如果你是小朋友，在學寫程式的時候，老師一定有和你討論過，你學寫程式，想要用來做什麼呢？如果你沒有特別的想法，老師也會和你討論，了解你的興趣，知道什麼事會讓你興奮，接著就引導你去訂下一個目標，這樣會讓你學程式設計更有目的，更來勁。我們有國小高年級或國中的小孩，一進門就說他想要學程式來做一個遊戲給同學玩，觀察他的學習，你會發現他有比別人強的自我動機，這是很好的。

如果你是成年人，那你可能在學程式之前，老早已經想到為什麼你要來學，我碰過有人說，她想製作自己的網頁，把她先生和小孩的照片放在網上，她覺得Facebook和Instagram好像比較零散、缺乏組織，她希望能做一個永久性的家庭網站，我們當然鼓勵她去達成目標。

有更多年輕人學程式設計的目的是想要拿它來找工作或創業，這是再棒不過的事了。

程式設計真正的威力就在創業裏彰顯出來，程式設計就像是一部超級跑車，它有無窮的威力，如果沒有寬敞的賽車跑道讓它馳騁，那再好的超跑放在那裏，也只是一堆好看的廢鐵而已。但是如果開放一條空曠的跑道給它，它就能釋放出令人驚豔的能量。

創業就是學習程式設計之後的一條永無止境的跑道，在這條跑道上的名人堂裏有比爾蓋茲、賈伯斯這些人，你能不能登上創業的名人堂不重要，重要的是，像一位創業家說的：「我可以接受失敗。每個人都在某個地方跌過跤，但是我沒有辦法接受不去嘗試。」

說這句話的創業家叫喬丹（Michael Jordan），他碰巧也是過去打籃球的人，現在他是NBA球隊Charlotte Hornets的老闆。幾天前，我還在電視上看到他球隊輸了球，臉上沮喪的表情。但是對我來講，他在打球時是那麼的賣力和專注，退休了之後，還是那麼的拚命，他這輩子活得非常精采。如果像他已經有過大成就還這麼拚，年輕的你有什麼理由不去闖闖，活出你生命的光與熱來？

了解視覺程式語言

本書的第四部分談視覺程式設計（Visual Programming）。所謂視覺程式設計，就是指學程式的人是透過原創者設計的一個視覺介面來寫程式，學習者經由操作視覺介面提供的工具或元素進行創作，小朋友或任何初學者，經由這樣的介面來學習，避免掉枯燥繁重的一行一行的打出程式語言，但還是可以學到程式設計的精髓和體會程式運作的原理，是一件非常棒的發明。。

第四部分的第七章說明為什麼父母或一般人需要了解視覺程式設計和其他的程式設計語言的細節。

我在學校學數學、科學時，常會懷疑為什麼要學那些東西，到底那些知識和我們生活有什麼關係，學了能做什麼用，不學又會影響什麼？在學校時，沒有人給我解答。我帶著這個疑問由中學、大學、研究所，一直到就業，自己有了小孩之後，才慢慢想通，給自己一個比較好的解答，也給孩子一個他們可以理解的答案。

在思考「為什麼」的過程，也是一個發現的旅途，你愈是去想，就愈會發現學的東西都會有用。數學、物理、化學、生物等，學得愈多，就愈通暢無障礙，那種感覺好像到處都亮綠燈，往哪個方向走都行得通。學得不夠、學得不好，就覺得到處都是路障，前後左右都行不通，那是很令人沮喪的事。

比如說，在學物理時，要用到某一部分的數學觀念或技巧，如果數學沒學好，那一部分的物理就通不了。學化學時，有時也要用到物理，如果物理沒弄懂，那一部分的化學就卡在那裏。中學學生物時，以為生物就是背許多的事實（facts），真的，那就是我對生物所有的印象。

上了大學之後，我就再也沒碰過生物，一直到有了小孩，小孩升到大學、研究所，一直在做和生物有關的學問，自己才重新拿起生物來瞧瞧，這個時候才發現生物真是一門很有趣，和我們息息相關的一門學問。

那時我就在想，如果在學校的時候，可以有老師或任何人，能夠幫學生把整個比如說中學的生物（或數理化）整體講過一遍，不是教細節，而是一個介紹性的總覽（Overview），告訴我們在未來的六年內——三年國中、三年高中，其實應該併在一起談，因為學問其實沒在管你國中或高中——你要學的是什麼，學的東西之間有什麼關聯，為什麼要學這些，學了之後可能有些什麼用處等等，那會非常非常有用。

學習前的總覽介紹十分有用

有什麼用？我現在知道，有大用。學生經過這種預告式的介紹（Preview）之後，他會知道現在學什麼，接下來學什麼，之間的關聯是什麼，學習會變得有方向、有目的。舉個例子，不久前Pokémon Go正式入侵台灣，我知道會引起轟動。第一天的早上特地跑出去看看，果然一路上看到許多年輕人拿著手機，到處鑽來鑽去，在找他的怪獸。

下班後，我們例行性到大安公園散步，不得了了，到處都是找尋寶物的尋夢者。有小孩，有年輕人，有中年婦女和男士，整個公園的氣氛和平日完全不一樣。曼如說，這個情景讓她想到小時候過元宵節，每個人提著燈籠的熱鬧情景。

她提到燈籠，也勾起了我小時候的回憶。小時候，大年十五，鄰居的小孩子會不約而同的提著自己的燈籠在定點會合，附近有個廢棄的防空洞，我們都會進去探險。有些比較大的小孩都會裝神弄鬼，鬼吼鬼叫的，嚇得我們全身起哆嗦，也跟著鬼叫起來，鬼叫聲此起彼伏，尤其第一次進那個防空洞，它很深，你根本不知道會走哪那裏去，有沒有出口，會不會碰到什麼怪東西。這是第一次的初體驗，嚇都嚇死了。

等到第二年之後，變成識途老馬，我知道裏面有什麼、沒有什麼，會走到哪裏去，漆黑的防空洞再也嚇不倒我了。我的意思是，一個鳥瞰式的整體介紹，可以排除學習者的恐懼，知道會碰到什麼，整個看起來是什麼樣子，學生就不會有恐懼，而且反而會引發他們的興趣，就好像期待約會一樣去迎接新的課程，這和完全不知道會碰到什麼，等著被驚嚇（shock）的經驗是完全不同的。

再說一個我個人的故事。我在高中時，對數學就很有興趣，但是不知道為什麼就是學不好，我當時的感覺是我太笨，沒有足夠的智力去了解那些內容，所以相當沮喪。於是我跑到台大數學系分別去找了楊維哲和黃武雄兩位教授，向他們請教高中數學要怎麼學，沒想到他們都答應和我談一下。

那是很多年以前的事，我已經忘了談話的內容細節，但是有一件事我記得非常清楚，兩位老師不約而同的談到一個技巧，就是在學期一開始拿到書時，先把整本書瀏覽一遍，不是細讀，而是一頁一頁翻看，大致上了解在說些什麼，可能用一兩天的時間，把整本書翻過一遍，就可以有一個整體的概念。

我忘了我當時實際上聽懂了多少，後來我也沒有再去找他們，他們當然也不會記得曾經指點過這樣一個高中生，但我對他們兩位一直感銘在心。我知道，其實這樣的風範一直影響著我。

現在我們從事EDUx基金會的工作，花很多力氣和許多自己的資源，想要改變整個教育的錯誤方向、觀念和作法，注入新科技的教育，雖然力量很微薄，但之所以還是像唐吉軻德一樣，明知不可為而為之，胸中的一股幫助別人的熱情未曾消滅，也是受到像兩位數學教授以及一路上幫助我小孩成長的許多人士，這所有的人給我們的啟示。

再回到剛才的題目。我要說的是，再漆黑恐怖、不可知的防空洞，如果你去過，第二次就不會那麼驚恐。同樣的，學一樣學問，如果有預覽、鳥瞰式的整體先介紹一遍，對未來的學習方向，會非常有助益。

我在本書第七章介紹為什麼需要知道學程式設計有什麼用，在學些什麼內容，以及學習順序應該為何。

我先由第八章的視覺程式設計開始介紹，說明為什麼學程式，不管大人或小孩，如果沒有經驗，最好由視覺程式入門；接著我提到學習視覺程式設計的工具是什麼。最有名的，是麻省理工學院開創的Scratch語言，但這絕對不是唯一的。我還介紹其他很多不同公司開發的不同視覺程式設計工具。

接著談Unplug（不插電），意思是說，不用電腦來學習程式設計。這不但可能，而且是一個很好的方式，Unplug讓學齡前、不識字、不會打字、不會使用電腦的小孩子，也可以有機會接觸程式設計，當小小孩經由Unplug知道什麼是演算法（Algorithm），什麼是程式（Program），他以後接觸視覺程式，就可以有更好的準備，學起來就會更順利。我還寫了一個Unplug的完整作法，家長有機會可以和孩子先玩一玩。

入門之後的銜接

接下來，第五部分的第九章我介紹了銜接視覺程式設計後的「正式」程式語言。我把「正式」兩字加上引號，是因為我認為視覺程式語言並非不正式的語言，只是一般人這麼說，在無傷整體了解之下，為了便利說明，暫時從俗。

我先介紹所謂的動態語言（dynamic languages），這包含了Python、JavaScript、PHP、Ruby；然後介紹非動態語言（static languages），這包括有Java、C、C++、C#、SQL、Objective C/Swift。然後我介紹了HTML和CSS，這兩者雖然不能稱作是程式語言，但是它們是做網頁重要的工具，也是不能不學，不能不會的工具，所以在這裏說明，接著介紹要做iOS的應用程式（Apps），需要用到那些語言和工具。最後，介紹要做Android的應用程式，有哪些不同的方式可以選擇。

特別要說明的是，不管是製作網頁的HTML及CSS，或是製作iOS或Android的應用程式，有一點非常重要的是，這些都不是單純寫程式就可以解決的事，都牽涉到設計和美感素養，因此我也簡單談了一下設計訓練的重要性，這也就是為什麼在EDUx的系統裏，核心科目還包括設計思考及設計訓練的原因。

第十章，也是本書最後一章，我談到學了視覺程式設計之後，接下來學什麼程式語言，整個程式的學習地圖應該如何安排。這分成兩部分，先談小孩子接下來學什麼語言，另一部分談高中或大學以上的成人，在選擇程式語言時，可以有哪些考量的取捨點。

小孩學程式語言的順序思考點比較單純，成人因為牽涉到職業及生涯，考慮起來就複雜許多，因此我提出了五點不同的思考方向，原因是一個人的精力和時間有限，不可能也不必要學習所有的程式語言，必須要有專攻的項目，所以需要有不同的考慮重點。

我建議可以由以下五個方向來考慮：第一，由想要做的事決定學什麼程式語言。第二，由程式設計專業來決定學什麼程式語言。第三，以未來薪資報酬的角度來思考未來要走的方向。第四，由程式語言的使用率（Popularity，也可以說是受歡迎的程度）來決定。第五，由程式語言受歡迎度的趨勢走向是往上或往下來決定。

這雖然只是思考點，但我提供的資訊會非常有用。一旦決定由什麼語言入手之後，就必須全力以赴，就像學音樂不一定要當音樂家，而是認同音樂的素養可以豐富我們的人生。學程式設計語言，不只是豐富人生，不管你未來從事什麼行業，程式的技能可以幫助你把工作提昇到另一個更高的層次。退一萬步說，程式的訓練是未來科技世界的公民每個人都必須要有的素養。

現在，繫好安全帶，準備進入你的科技與程式教育驚奇之旅吧。

PART I

科技是我們的未來

CHAPTER 1
軟體正在吃下全世界

美國有名的風險投資人，也是Facebook、Groupon、Twitter、Zynga、Foursquare、Github、Pinterest 等著名公司的投資人Marc Andreessen在二〇一一年八月二十日的《華爾街日報》發表了一篇長文，篇名相當聳動：「為什麼軟體正在吃下全世界」。

文章發表之後，引起很大的迴響。他舉了很多例子，從各種行業說明軟體已經取代硬體，成為一個具絕對主宰力的新勢力。

今天，「每一家公司都是軟體公司」已經不再是個口號。即使是傳統行業，沒有軟體，就沒有辦法擴大規模。但是傳統行業要轉變成軟體公司困難重重：需要改變公司的生態系統和思維模式，需要聘用建構整個軟體框架的人，需要全新的經銷渠道，新的上下游合作夥伴（除非舊夥伴能轉型趕上來），新的合作關係和作法，新的經營手法。要做的事非常多，每一件事都很困難，沒有足夠的資本和快速移動腳步的決心，要轉型根本很困難。

但是不轉也不行，因為科技的演進改變了所有的遊戲規則，過去的那一套已不適用，軟體在主導改革，跟不上來的公司，只有被掃入歷史一途。

現在，距Andreessen發表那篇文章已經五年過去了，在科技飛速進展的今天，五年可能相當於過去的五十年，讓我們一起來看看，今天的世界是如何受軟體的支配，未來世界又是如何。最後，我們探討在這樣的未來趨勢和轉變下，每一個人——尤其是我們的下一代——應該怎麼做。

亞馬遜崛起

一九九四年，一個在華爾街一家叫做D.E. Shaw的避險基金（Hedge Fund）公司上班的年輕人打了一通電話給他在德州的父母，告訴他們他要離開華爾街金飯碗的工作，去開創他自己的網路公司。

「你是什麼意思？你說你要在網上賣書？」這是他父母的第一個反應。最後他的媽媽熬不過，只好勸他，「如果一定要做，是不是利用晚上下班或者週末的時間來做。」這名年輕人拒絕了，告訴他媽媽，「事情變化很快，我必須要快速行動。」

年輕人和他新婚不久的太太把家當收拾妥當，裝上搬家公司的卡車，他告訴卡車司機說，你就往西岸開，過幾天我會打電話告訴你把我的家當送到何處。卡車上路之後，夫妻兩人搭上飛往德州的飛機去找他的父母，年輕人開口向他的繼父借了他一九八八年的雪佛蘭Blazer舊車。

他們一路往北邊開，年輕人的太太開車，他坐在副駕駛座上，在筆記型電腦上繼續完成他的生意計畫書（Business Proposal）裏的「預估營業收入」部分。晚上他們住在路邊的汽車旅館，年輕的太太連鞋都沒脫就上床睡覺了。隔天，他們繼續西進的旅途，路過到大峽谷看日出。

那年，年輕人三十一歲，他的太太二十四歲，他們或許不知道，他們正在一起寫下創業史上璀璨的一頁。

原本他們想要落腳在加州，後來發現一條高等法院在一九九二年做出的判例：廠商不須向外州的消費者收取稅金。因為加州人口眾多，他不想把公司開在那裏，免得廣大的加州消費者都要繳稅。他們於是決定開車到華盛頓州的西雅圖，因為華州人口不算太多，人才卻很充足，會是一個創業的好地方。

不久，一位叫做Shel Kaphan的年輕人開著U-Haul從加州的Santa Cruz來到西雅圖，成為這家新創公司的第一位員工。當他知道公司的名字叫做Cadabra的時候，他說，「我嚇了一大跳，我是到了西雅圖才知道公司的名字叫做Cadabra，我差一點當場回加州去。」

Kaphan回憶說，「因為我以前在一家叫做Symmetry Group的公司服務，人家都說我們是Cemetery Group（Cemetery是墳墓的意思，Symmetry是對稱，兩個字意思不同，但讀音類似。）所以當我聽到Cadaver Inc.，我想說，老天，不要又來了。」（Cadaver 是屍體、大體的意思，和Cadabra讀音容易令人混淆。）

他們又從華盛頓大學電腦及工程系雇了一個程式設計工程師，他的名字叫Paul Davis。Davis在華大的同事都很驚訝他竟然要離開系上，去加入一個名不見經傳、連名字都還沒有的新創公司。同事們開玩笑在辦公室裏為他準備了一個咖啡罐，大家塞些零錢進去，送給Davis做為以後不時之需的臨別贈禮。

Davis和Kaphan兩個人就在這對年輕夫妻住家車庫改裝的辦公室裏，開始寫下了公司的第一行程式。一九九四年十一月一日，年輕人很興奮的走到車庫裏對著每一個人宣布：「我找到了，亞馬遜河，地球上最大的河流。Amazon，地球上最大的書店。Amazon不只是地球最大的河流，它比第二大的河要大好幾倍，別的河和它相比，都是小巫見大巫。」年輕人驕傲的宣告Amazon的正式命名，這位年輕人的名字叫做Jeff Bezos，他是Amazon的創辦人。

Amazon由一家四人的公司開始，至今，它有二十四萬名員工，二〇一五年的年營業額已經超過美金一千億，Jeff Bezos個人的資產達到七百億美元，在富比士（Forbes）全世界最富有的人排名第五（二〇一六年統計）。

這些營業額或個人資產的數字或許對我們的意義不大，但是Amazon改變了人類生活的方式，他的影響力及於地球上許許多多的人，Marc Andreessen在他著名的文章〈軟體正在吃下全世界〉是這樣描述Amazon的：

「今天，全世界最大的書商，Amazon是個軟體公司——它的核心能力是它強大的軟體引擎，讓它能在網路上販售任何東西，完全不需零售店面。當它的對手Borders忙著處理宣告破產的同時，Amazon調整它的網站，準備在實體書之外，也開始推它的Kindle電子書。現在，連書也都變成是軟體了。」

這是Amazon如何用軟體把競爭對手如Barnes & Noble、Borders狠狠的甩到後面，讓他們從市場的盟主，變成無關緊要，或者最後熄燈關門，宣告破產。

徐安盧在他的書《不只是天才》裏提到「書店」對我們全家的重要性，我們常常全家到書店去，一待就是大半天，突然之間，書店一家一家的關，我們必須要開車愈跑愈遠去找書店。一直到今天，我們全家每一個人一台平板，自己把自己的書放在平板裏看，去書店看書曾經是我們每個週末的活動，現在也成了歷史了。

軟體正在改變人類的生活，這就是一個最好的例子。

不只是零售業，在休閒、娛樂、旅遊、藝術、音樂、電影、通訊、交通、運輸、財經、投資、醫藥、教育、文化、國防等領域，沒有一個不是由軟體大量主宰，軟體正在重寫人類的文明。

Netflix

幾十年前，人們上街租錄影帶回家看電影（還記得VHS和Beta嗎？），後來變成

DVD，後來又發展出Blue-ray（藍光），家裏電視螢幕由十來吋一路變大到二十吋、二十四吋、四十吋，一直到現在很多人家裏有六十吋以上的螢幕。在我們家，若干年前的習慣，我們會到百視達（Blockbuster）租DVD回家全家一起看，後來這家全盛期有六萬名員工、九千家分店的電影租售連鎖店的店面愈來愈少。

原因是，世界又變了。我們注意到有一家網路公司叫做Netflix，提供DVD寄到家裏的服務，Netflix每次寄你選擇的一片、三片或五片（由消費者選擇購買的方案）電影DVD到家裏，它附了回郵信封，你看完就把它寄回去，Netflix收到後，馬上又根據你的選單寄上下一批DVD，這方便極了，選擇又多，我們後來就不再去百視達了，很多消費者也和我們一樣，結果是百視達在二〇一〇年九月宣告破產。

其實百視達也不是沒有努力掙扎，希望在網上搶回被Netflix搶走的客戶，他們推出類似的服務，但是和Barnes & Noble一樣，他們並不熟悉那種新型的作法，轉型速度太慢，無力追回快速失去的江山。

事實上，像Comcast、Time Warner等大公司也面臨同樣的情境，他們作夢都沒想到，這些半路由網路殺出、名不見經傳的軟體公司打破了舊的秩序，讓忽略新時代快速演變的睡獅，不是被打趴在地上，就是在睡夢中壽終正寢，再也沒有醒來過。

這又是軟體惹的禍。

當然，Netflix還是要面對來自四面八方的追兵。二〇〇七年開始，Netflix開始提供Video Streaming（影音串流）的服務，消費者習慣又經歷另一次的大轉變，即使Netflix已經在全美各處設立DVD配送中心，讓郵寄時間更為縮短，但顯然還是不夠快，Streaming的服務面市之後，消費者大量跳槽，改用Netflix的電影直接下載觀賞的服務，再也不用等DVD寄來。任何時候，只要想看，點下去就可以看，Netflix馬上就成了Streaming的領先者。

但是如果你以為這就是Netflix全部的戲碼，那就大錯特錯了。Netflix作為一個軟體公司，一個數據驅動的公司（a data-driven company），它的本質這個時候其實才剛開始顯現出來，它對客戶觀賞習慣的掌握，可以說比消費者還清楚自己想看什麼、喜歡看什麼。

Netflix在全球有八千萬的用戶，它由這麼大的用戶數，收集到大量的數據，分析、演算這些數據的結果，讓它提供更貼切、更好的服務，難怪Netflix的副總裁Joris Evers說，「我們有三千三百萬種不同版本的Netflix」，指的就是他們用大數據所提供的個人化服務。這一切，又都是軟體才能做的事。

Pandora, Spotify, Apple Music

同樣的，在音樂欣賞方面，Music Streaming（音樂串流）也成為主流。Apple Music自二〇一五年中開始，已經快速累積了超過一千萬的用戶；二〇〇〇年開始的Pandora，到目前的用戶數已超過八千萬；而二〇〇八年才進入音樂串流市場的一家叫做Spotify AB的瑞典公司，竟然在短短幾年內擄獲超過一億以上的用戶，其中付費用戶已經超過三千萬人。

使用者可以在Spotify根據歌手、歌曲的類別、專輯做搜尋，可以自己組合不同的播放清單（playlist），許多的用戶——大約有百分之七十五的Spotify用戶是三十五歲以下的年輕人，其中男性佔百分之五十三，女性百分之四十七——都會告訴你難以想像沒有Spotify的日子。

又一次，軟體的威力，軟體的魅力。軟體改變了人類閱、聽的生活，那是我們生活很重要的一部分。

但是軟體對我們生活方式的影響無遠弗屆，它也左右了我們的行動。Uber就是代表。

Uber與Lyft

記得在五、六年前，安廬有一次告訴我，他開始用一個類似計程車的服務，不同的是，這家公司的車都是黑色轎車，司機也都身穿黑色西裝，上下車會幫客人開門，下雨也會幫你撐傘，用手機上的App叫車很快就到了，下車時也不用付現，是用預放在App裏的信用卡支付。抵達目的地下車時，App會顯示行經的路線、行程哩數、行程使用時間，以及價錢。他的價錢比計程車便宜，那家公司叫做UberCab（Uber的原名）。我聽了之後，半信半疑。幾天後，我試了UberCab的服務，下車的時候，我只有一個感覺：這將是一個會在短時間爆紅的公司。那是二〇一一年。

Uber自二〇一三年進入台灣市場，到今天可以說是大家耳熟能詳的名字，有一大半的原因是來自媒體報導，來自官方的查緝，和計程車工會的抱怨。有朋友告訴我，他是媒體報導之後才知道也才去嘗試Uber的服務模式。Uber在台灣因為不合法，因此被罰了許多錢，並不是單單台灣如此，很多地方都是這樣，但是高額罰金好像並沒有讓它銷聲匿跡，在台灣或全世界都是如此。

到了二〇一六年六月份，Uber的服務已經遍布全球六十個國家的四百零四個城市，Uber吸引了超過一百四十億美元的投資，公司價值已經超過六百八十億美元。也就是說，

Uber公司的價值在短短五年期間已經超過了福特汽車、通用汽車及日本本田汽車。福特汽車自一九〇三年由亨利・福特（Henry Ford）創辦至今已經超過一百年，它花了一百多年才達到的成果，Uber花了五年就趕上了。

Uber怎麼辦到的？答案還是軟體。

二〇一六年一月，美國舊金山最大的計程車公司，名字就叫「黃色計程車公司」（Yellow Cab Cooperative Inc.）正式宣告破產，公司總裁在法院文件裏，直接說出來自Uber和Lyft（Uber的同行）的競爭，使得他們的載客量大幅下滑，不僅如此，Uber和Lyft正大量搶走他們的司機，裏外夾攻的結果，他們只好豎白旗關門大吉。

Uber的野心絕不止是取代計程車，二〇一六年三月，Uber推出一個獨立的App，叫做UberEATS，從加拿大多倫多開始，然後進入美國的主要城市，這是Uber送菜的服務。在這之前，Uber老早已有UberPOOL（類似巴士的共乘服務），UberMOTO（摩托車載人服務），你能想像Uber還會想出什麼出人意表的招數來嗎？

交通運輸是個非常大的行業，Uber當然有來自各方的競爭，最近有一家叫做Juno的公司已經悄悄展開它的共乘服務計畫，他們針對不滿Uber的司機，準備只向駕駛人收取百分之十的佣金，那是Uber收取佣金的一半。另外，資金雄厚的滴滴出行（Didi Chuxing）在美國正式和Lyft合作，加入對抗Uber的聯盟，這個戰場可以說才剛開始。

傳統的產業被新的技術、新的經營模式逼得跳海的例子實在層出不窮，未來這種情況在人工智慧和智慧機器人加入戰場，硬體和軟體發展得更成熟的情況下，舊的作法、舊的商業模式毫無反擊之力，走入歷史的速度只會愈來愈快。

中國共乘平台的崛起

如果你以為在共乘這個行業裏，Uber就是獨大，那你可能要往中國看看。Apple公司在二〇一六年五月十三日宣布投資中國的共乘公司「滴滴出行」，投資金額是驚人的十億美元，滴滴出行目前已有騰訊和阿里巴巴兩家公司的投資，加上Apple，可以說是如虎添翼。

滴滴出行說，他們每天提供一千一百萬次的駕駛服務，佔全中國百分之八十七的市場。它的主要競爭者Uber China，也有百度（Baidu）的投資，可是Uber在中國競爭得很辛苦。它自己說，在中國每年要賠上十億美元。但是Uber在中國是不是真的被打趴了？不盡然，許多中國的Uber駕駛是開著他們的車子在交朋友。

一位記者Zeping Huang就說，他發現，在中國，Uber比較像是社交平台，而不是叫車平台。他舉了一個例子，三十三歲的Uber駕駛Jasper Fu，傅先生在WeChat的暱稱是「一百九」，那是他的身高，他怕人家不知道，所以乾脆叫自己一百九。他頭梳馬尾，手戴念珠，開著他的BMW 3字頭車子載客。一百九宣稱他不喜歡開車，「但是我喜歡和人聊天」。他說他開Uber不是全職，也不是為了賺外快，「我喜歡認識人。我到哪裏去可以找人陪我聊個十到二十分鐘。」他說，他太太晚上工作，他不想一個人獨自待在家裏。

Uber中國和滴滴出行的競爭居下風，看來很難有打贏的機會，於是Uber乾脆加入滴滴的陣營。二〇一六年八月，滴滴出行併購了Uber中國之後，本來二百八十億美元的市值，加上Uber中國的八十億市值，滴滴出行成了市值三百六十億的公司，而Uber中國佔了百分之二十的股份，成了滴滴最大的股東。看來這筆併購案，在目前是件雙贏的交易。

社會在變遷，人的想法在改變，新的科技、新的作法常常帶來一些意料之外、無法預期的「副作用」，用心觀察和學習新知的人，常有辦法比別人先「看到」一些特殊的景象，這一點一點的「預見之明」常常變成一種稍縱即逝的契機。能看到機會、抓住契機的人，就可以踩在別人的肩膀，創造出足以改變人類生活的事業。

中國可以，台灣為什麼不行？

像Uber之類的公司，決勝點之一就是要找更多的司機，Lyft有通用汽車當後盾，通用還優惠提供它的汽車，這樣大大增強了Lyft的競爭能力。Uber在中國也循同樣的模式，找了官方的汽車製造商廣州汽車集團（Guangzhou Automobile Group, GAC）合作，GAC除了投資Uber之外，還提供優惠方式，讓沒有車子但想當Uber司機的人，也可以便宜購得車子。

滴滴出行則得到政府更多的支持，官方的中國投資公司（China Investment Corporation, CIC）投資它，加上也是官方的汽車製造廠北京汽車股份有限公司（BAIC）的奧援，滴滴更可以放手打天下。反過來看看台灣的Uber，它是非法但一直在經營，一面罰錢一面繼續拓展生意，這個問題突顯出台灣政府和政策對創新的經營模式可以說是瞠目結舌，兩手一攤，不知怎麼辦也不願意怎麼辦的態度。

我除了是Uber的消費者之外，和Uber一點瓜葛也沒有。硬要說的話，我對於Uber做生意某些的手法不能認同（譬如說常常叫車之後，真正等的時間，是顯示來車時間的好幾倍，司機總是說這是Uber系統給的時間，和他們沒有關係。過來時塞車，他沒辦法，這些都是事實。但Uber真的沒有考量當時交通狀況的技術和能力嗎？這是很清楚的事。），Uber的成功或失敗也不是我關心的事。

對我來說，這完全不重要，真正重要的是，我們政府對於新科技、新觀念帶來的新的服務，總是無腦式的當成是洪水猛獸，唯一的作法就是擋、擋、擋，把機會擋到外面去，覺得別人都是來找麻煩，來打擾他太平清夢的日子；而附近的中國、新加坡、韓國等卻是非常積極地引進新的科技、新的機會，長此以往，最終的結果就是相去霄壤矣。

不只是對共乘這一行反應不及，對其他的新科技、新模式，比如說Airbnb、基因療法、金融科技（Fintech）、國際支付、行動支付、生命倫理（Bioethics）、生物科技（Biotechnology）以及新型的教育等，處處顯露出無知和不知所措，採取的方式就是罰鍰和打壓，Uber不納稅及其他相關問題，讓它處於利己的不公平競爭地位，這當然是不對的，但更糟糕的是面對世界新的局面，尤其是國際商業快速的進化，政府沒有夠格的人才，沒有足以應付的腦力，顯得一片慌亂和愚昧，這樣下去，台灣除了繼續往下沉淪之外，沒有別的路可走。

歸結來說，**問題還是出在缺人才，而人才的根源還在教育**，而教育的前景，看看我們的教育和主掌教育的這些人，答案已經出來。

Airbnb

有兩位羅德島設計學院（Rhode Island School of Design）畢業的年輕人，一個叫做Brian Chesky，另一個叫做Joe Gebbia，他們在二〇〇七年底由東岸搬到舊金山，因為付不出房租，他們就左思右想，看有什麼賺錢的方式。當時舊金山正在舉辦「工業設計會議」，這是個大型的國際會議，旅館全被訂滿了。他們想到了一個主意：他們把客廳清空，放上三張吹氣床，做了一個簡單的網站。他們的想法是，提供住宿者晚上睡覺的空氣床，再加上親手煮的早餐，這應該是個勝利方程式。

很快的，他們的第一組客人來了。三個人，每人付了八十元美金。他們認為他們看到了一個絕佳的機會，二〇〇八年二月，Brian和Joe馬上去找了寫程式的高手Blecharczyk加入，成為第三個創辦人，他們的生意在二〇〇八年八月正式開張，網站的域名是airbedandbreakfast.com。

那時候美國正在選總統，歐巴馬（Barack Obama）和麥凱恩（John McCain）分別是兩黨的總統候選人，他們就設計兩盒經典早餐，取名叫做「Obama O's」和「Cap'n McCains」。兩個月之內，他們賣了八百盒，每盒四十美金，賺進了三萬多美元。

接著，二〇〇九年一月，他們加入Y Combinator（矽谷一家創業加速育成公司），從創辦人Paul Graham 那裏拿到二萬元的投資，這些錢成了他們的起家資本。這個時候，他們每周的營收大概是二百美元，很多個月後卻沒有起色。後來有人告訴他們，他們在網上的客房照片很不吸引人，可能這是生意沒有起色的原因之一，他們於是飛往紐約，自己到每一個公寓去一間一間拍照，回到舊金山之後，他們的生意開始起飛了。

二〇〇九年三月，他們的網站名稱改短成airbnb.com，他們也把在網上出租地的客房加入了各種形式的住房：整個房子、公寓、單獨一個房間、古堡、樹屋（treehouse）、愛斯基摩人冰屋（igloos）、小島等，大大的延伸了他們的經營模式。很快的，Airbnb展現了它成為國際大公司的企圖心。

二〇一一年，Airbnb進入德國和英國市場；二〇一二年初，進入法國、義大利、西班牙、瑞典、俄國、巴西；二〇一二年十一月，Airbnb進入澳洲，並將亞洲總部設在新加坡。今天，Airbnb服務過六千萬人次以上客戶，在網站上待租的戶數有二百萬個，分布在超過一百九十一個國家，超過三萬四千個城市都有Airbnb的客房出租，它完完全全改變了人類旅行的方式。

事實上，就我個人來說，自二〇一二年始，我們在旅行時大部分都使用Airbnb，有過很好的經驗，也有不怎麼好的經驗。有趣的是，我們尋求的就是不同的感受，不管怎麼樣，它就是不一樣的經歷。

你和房子的主人通常會產生滿有趣的互動，有時可以認識新的朋友和不同領域的人，這些人在一般日常生活的環境裏，你可能永遠都不會有交集，Airbnb提供了這項難得的人際關係的體驗，它帶點冒險，但這正是人們為什麼要體驗的原因，不是嗎？

二〇一五年底，Airbnb 取得一百五十億美元的投資，這可能是私人公司募資有史以來最大的金額，公司價值達到二百六十億美元的Airbnb，成為全球第三大私人擁有的公司，僅次於價值六百二十五億的Uber和四百六十億的小米。

Airbnb也是許多電腦科系的學生畢業後的夢想工作，我們認識一位從麻省理工學院（MIT）電腦工程系畢業的女孩，她非常聰明，十五歲就進入MIT，畢業之後她搬到舊金山，她拒絕了許多公司的聘約，只想進去Airbnb工作。以她的條件，正是挑選工程師非常嚴格的Airbnb要找的人才。如願進入之後，她告訴我們公司完全讓工程師自治，沒人管你，這一點我們不會太驚訝，因為Airbnb的使命就是「讓每一個人感覺就像是回到家裏一般」。

Uber是不擁有汽車的「全球計程車行」，Airbnb是沒有擁有房間的「世界人民旅店」，兩家分別只成立了七到八年，卻成為全球最大私人企業的第一大和第三大。這兩家公司都是軟體公司，軟體工程師是公司的核心引擎，軟體驅動所有公司的服務，軟體帶動他們創新的經營模式，全面改變了人類旅行和交通的生活方式，而且他們——還有其他虎視眈眈的後繼者——只是剛開始。

好戲，真的還在後頭。

Twitter

Tweet這個字的意思是小鳥啐啐叫，twitter的意思就是像小鳥啐啐叫的人。短短的，只能在一百四十個字母之內。這麼短的語句，能表達什麼呢？

結果，能表達的，超過幾乎每一個人所能想像的。而且Twitter的影響力和用處，也超出每一個人——包括Twitter創辦人——的想像。

Twitter由Jack Dorsey、Noah Glass和幾位同事一起創辦，二〇〇六年三月二十二日，Dorsey在Twitter發布了第一則推文（tweet）。他說：「剛才把Twitter設好了」（just setting up my twttr）。過了兩小時，他又送了一則推文：「Twitter這個名字，是Noah Glass取的，牛津大字典說：『短短的，無關緊要的訊息衝口而出，就像小鳥嘰嘰喳喳一樣。』」

就這樣，網路上一個人人互尬的平台就此誕生。它的態度是鬆開領帶，踢掉高跟鞋，輕鬆的，不講大道理，隨時可停，也隨時可繼續，是不拘小節的，因此被戲稱為「Internet最大的雞尾酒會」。

因為Twitter不像部落格一樣，要寫文章，要有論述。每個人不甘寂寞的時候，都可以上來不吐不快一下。Twitter因此累積了大量的用戶，一直到今天，全球已經有一百三十億的註冊用戶，實際使用戶數（Monthly Active Users，簡稱MAU）達三億三千萬。

Twitter所有用戶裏有近百分之二十五是新聞媒體的作者；全球各國有百分之八十三的領導人使用Twitter，達到一百三十九國，其中包括美國總統歐巴馬在內。在美國以外，每月固定使用的用戶達二億五千萬人。

Twitter每天要處理近二百億條的搜尋需求，無怪乎十年來，Twitter一直是Alexa Internet（一家網路流量的資料收集及分析的公司，是網站受歡迎程度的調查權威，它也是Amazon旗下的公司）調查表上最受歡迎的網路前十名之一。

Twitter最有趣的發展是，本來是作為聊天或自我抒發的一個場域，結果發展出許多意想不到的用途。美國報業協會（American Press Institute）對Twitter四千七百一十三名用戶做的調查報告顯示：

一、百分之八十六的Twitter用戶使用Twitter來取得新聞訊息，其中有百分之七十四的人每天上Twitter看新聞。

二、百分之七十三的用戶直接追蹤特定的新聞記者、作家，或新聞評論人，百分之六十二則追隨固定的媒體。

三、百分之八十二的人主要使用手機上Twitter。

四、不使用Twitter的人有百分之五十一，也就是超過一半的人，還是會經由電視（百分之四十五）、朋友（百分之三十三）、其他新聞（百分之二十七）等管道讀到Twitter的訊息。

這說明了Twitter最大的用途就是獲取新聞。值得注意的是，使用Twitter的人，比使用其他社群媒體的人能更便利、更輕易地取得新聞，這證明了twitter本身就是一個新興的媒體，它改變了人們讀取新聞的方式。

無怪乎許多國家的政府部門、甚至領導人本人都爭相上Twitter，因為它和Facebook是在本質上很不同的媒介。

科技的力量

除了一般性的新聞之外，Twitter擅長的是突發消息（Breaking News），比如說地震、海嘯、龍捲風等突發的事件，許多人——特別是在災難發生現場的人——馬上在第一時間發出訊息，在現有任何媒體發生任何聲響之前，Twitter已經如炸彈爆發般，許多人同時發佈新聞，災難負責的部門也能據以在最短的時間採取行動。

二〇〇八年十一月在印度孟買發生了恐怖份子攻擊事件，來自巴基斯坦的伊斯蘭教激進份子在孟買各處發動連續十二次的爆炸攻擊行動，四天下來，恐怖攻擊造成一百六十四人死亡，超過三百人受傷。

攻擊的當下，現場的人發出的Twitter訊息量，事後計算達到每秒鐘十六則，訊息內容包括緊急電話號碼、最近救護站或醫院地點、死傷人數統計、死傷名單彙整、怎麼捐血、如何捐錢等。就在人類屠殺的時候，Twitter以及其他的社群媒體在暗夜裏發出了人道的光芒，人們互相幫忙，減少了傷亡，也減低了痛苦。

這就是科技帶來的力量，也是軟體改變世界活生生的例子。

事實上，Twitter是在二〇〇七年的SXSW國際會議中爆紅的。Twitter在會議中心裏擺了一堆六十吋的大型跑馬燈，多個會議同時進行的時候，所有在不同會場的人就不斷同步發出推文，參加會議的人，每天發出的訊息暴增到六萬條以上。

會議之後，Twitter是真正的贏家，主辦單位發出了一則Tweet來感謝Twitter：「我們希望用一百四十個之內的字母感謝你們，我們剛剛辦到了。」從那時候開始，Twitter變成了在任何大型演唱會、賽事、聚會活動等，參加者現場轉播以及現場親朋互相聯絡，知道別人在做什麼的一項不可或缺的工具。

Twitter在教育上的應用也出人意表。研究顯示，在課堂及課堂之後，師生使用Twitter互相交流、討論，提高學習參與程度以及學習成效。愈來愈多的大型課程裏，把Twitter的使用規畫到課程的設計裏，Twitter成了同學之間互動的媒介。

Twitter更是美國總統選舉不可忽略的利器，《大西洋月刊》（The Atlantic）的資深編輯Garance Franke-Ruta就說：「上一回總統選舉是部落格的天下，這一回有許多的話已經由部落格移到Twitter的平台來了，這次的選舉的主角是Twitter。」

Twitter的Adam Sharp指出，在二〇〇八年的總統選舉，共和黨和民主黨總共發出了三十六萬條Tweet，在二〇一二年則成了一千四百萬條，歐巴馬在民主黨總統選舉提名大會的演說當中，在場的人每分鐘發出五千四百則推文。任何人可以想像得到，二〇一六年不管民主黨或共和黨的總統提名人演說時，Twitter萬箭齊發時，會是什麼樣的盛況？

Adam Sharp說，這些現象顯示總統選舉已回到「零售政治」（Retail Politics），意思是說，每一個人都能直接參與政治的過程，政治變成一對一的形態，個人不但能和他人快速的意見交流，也可以和候選人直接互動。

這些現象將在二〇一六年的總統選舉達到另一個高潮。二〇一六年四月二十三日，希拉蕊（Hillary Clinton）發了一則推文，她說：「我們都知道川普（Donald Trump）會說一些惹惱女性的談話，這些就是他說的會帶給女性好處的政策。」底下放了一個四十七秒的視頻，把川普對待女性不公平的政策全部傾倒出來。

就在共和和民主兩黨的總統提名人才剛塵埃落定時，連正式提名的大會都還沒開，希拉蕊和川普已經在Twitter上大打出手。

觀眾在短短的一百四十個字母之間，毫無廢話的吸收到她要傳達的訊息，力道之強，超過一篇一萬四千字的長文。這，就是Twitter的魅力，而Twitter魅力的起源是強大的軟體在提供和傳播這個平台的一切。

Twitter雖然熱鬧非凡，但是其他的社交媒體更是方興未艾，Snapchat不管是每日使用量或總戶數，都已經超越Twitter，還有Instagram和Pinterest，Instagram的用戶也已超過Twitter。另一方面，LinkedIn被微軟以二百六十億美元的天價併購，社交媒體的戰局混沌，隨時會有新興的公司衝出頭。

我們期待，台灣的下一代，經過新科技的洗禮，成人能去除舊思想，讓下一代抓住機會好好學習，放眼國際，不久之後，我們也能看到台灣的創業家在世界舞台上發出耀眼的光芒。

軟體公司的併購

在矽谷，每天都有新創公司被其他公司買走。小的併購案，創辦人可能拿到幾百萬或數千萬美金，在閉鎖期過後，就開始另起爐灶，繼續他的創業之路，矽谷多的是這樣的連續創業家（Serial Entrepreneurs）。

大的併購案，通常都有媒體的報導，比如Facebook自二〇〇七年開始，近十年來已經買下了超過五十家大大小小的公司，其中著名的有二〇一二年以十億美元買下Instagram，二〇一四年二月以一百九十億美元的天價買下WhatsApp，同年三月用二十億美元買下虛擬實境（Virtual Reality）科技公司Oculus VR。

有趣的是，Facebook的創辦人Mark Zuckerberg說過一句話，他說「我們從來沒有一次為了買公司而買公司，我們買公司是為了吸收傑出的人才。」舉例來說，Facebook買下Oculus VR之後，原來的創辦人Palmer Luckey、Brendan Iribe、首席科技長John Carmack等人都進入Facebook工作，成為Facebook大家庭的一員，也成為Mark Zuckerberg主宰行動領域野心的一顆棋子。

而Google自二〇〇一年開始，已經併購了近一百九十家公司，其中包括以六點二五億美元買下英國的人工智慧公司Deepmind Technologies，創辦人Demis Hassabis和他的團體已成為Google的一員，繼續發展具人工智慧的圍棋軟體AlphaGo。

二〇一六年三月，Deepmind團隊帶著AlphaGo和韓國著名圍棋冠軍李世乭（Lee Sedol）進行五場被媒體稱為「人類和機器的殊死戰」的圍棋大賽，最終AlphaGo以四比一的懸殊比數打敗了李世乭。Google和Facebook的AI（人工智慧）大戰，Google在這回合佔了上風。

但是人工智慧的競逐，乃至整個軟體世界的競賽，甚至整個人類科技開發的賽跑，其實整體的來看，還只是在爆發性發展的初期。群雄逐鹿，鹿死誰手，都還不到蓋棺論定的時候，誰能成為武林的大盟主，都在未竟之天。

唯一可以確定的一件事是，軟體公司的併購創造出更大、更具威力的公司，加速了軟體吃下全世界的布局。

未來最需要的人才

美國國家勞工統計局（U.S. Bureau of Labor Statistics）有一個長年進行的計畫，叫做

「工作預估計畫」（Employment Projections Program）。這個計畫預估未來十年內各種行業的勞工人力需求。

這個計畫所公布的數據與資料非常重要，可惜的是，數字非常繁瑣而枯燥，Business Insider根據其中兩項最重要的指標，即未來十年內各行業的平均薪資水平以及其職位的需求量，加以分析，再加以排名後，得到以下的結論。

未來十年內，需求最殷切的第一名是「有證照的護士」，未來十年的職位空缺超過四十萬名，但是護士的薪水偏低，在二〇一四年的平均年薪只在六萬六千六百四十美元。

第二名是經理以上的管理階層，空缺達十五萬名，平均年薪是九萬七千二百七十美元。高級管理人才的需求很強勁，這是理所當然的事，包括政府部門、私人企業及非營利機構，最缺乏的就是領導人才，因為學校的基礎教育根本毫無領導力訓練的課程，大部分的人都是在職涯裏摸索，藉由個人的學習與體會，變成領導人才。科技公司管理人才有許多是來自電腦、工程或科學背景出身。

第三名是軟體工程師（Software Applications Developers），未來十年的職缺達十三萬五千名，平均年薪是九萬五千五百一十美元。

第四名是電腦系統分析師（Computer Systems Analysts），職缺近十二萬名，平均年薪八萬二千七百一十美元。

第八名是電腦及資訊系統經理（Computer and Information Systems Managers），職缺近五萬四千名，平均年薪十二萬七千六百四十美元。

排名第十三是軟體系統工程師（Software Systems Developers），需求數超過五萬名，平均年薪達十萬二千八百八十美元。

注意這項排名是以職位的需求量和平均薪資混合計算得出的順序，因此排名最高的不見得是薪資最高的。如果把以上四個軟體與系統工程師加起來計算，職缺達到三十六萬人，加上它的高薪（平均年薪達十萬二千一百八十五美元），**軟體開發的工作機會無疑是未來十年，甚至三十年或更久的明星行業**。

十萬美金的年薪究竟是高或不高，這是見仁見智的問題。我們可以客觀的比較一下這個排名裏的其他高需求產業的職位，如小學老師平均年薪五萬四千一百二十美元，電工五萬一千一百一十美元，辦公室行政人員五萬零七百八十美元，市場行銷專業人員五萬五千零二十美元，個人理財專員六萬一千二百九十美元，簿記或會計人員六萬五千九百四十美元。因此軟體開發工程師的所得大約是以上行業的一點五倍至二倍之間。

當然，統計數字最大的問題在於以偏概全，它說明了一部分的事，卻很難勾勒出全貌，事實上，全貌是什麼，仍然是個見山是山，見水是水的問題，不可能有個定論。如果要再加上隱藏的因素，那全貌就更複雜了。

在這裏，隱藏因素至少包括：

1. 相對於如醫師、律師等其他高收入的行業，軟體開發有更大的以技術創業的機會。
2. 軟體人才如果在新創公司草創初期加入，多能享有大量的公司股份（stock options）分配，這是其他行業所沒有的機會。像Google、Facebook等公司，在草創之時加入的員工，老早就都成為千萬俱樂部的會員了。

所以，不管由薪資高低、需求人數，或將來的收入潛力來看，軟體人才是未來最吃香的人才，創業是軟體人才改變世界也改變自己生命的機會。但是即使不創業，軟體行業也將是不會被取代的行業。

幾乎沒有一項人類科技發展不需要軟體的參與，已經確定的是，軟體正在吃下全世界。**學習程式設計，已經不是需要不需要學的問題，而是為什麼還在遲疑不開始學。**

對年輕人來講，軟體發展的空間無限大。**程式的學習，愈早開始愈容易**，政府的電腦程式的課綱要怎麼制定，由哪些人制定，內容是什麼，什麼時候開始實施，實施了之後有沒有成效，都不是單一個人或為人父母者能左右的。問題是，沒有人規定不能利用網上的資源自學或參加程式學校的課程學習，學習程式設計，增強自己的實力，任何人都可以在軟體吃下全世界的革命扮演他的一角。你還在蹉跎什麼？

CHAPTER 2
未來的世界是科技的世界

為什麼教育者和父母要像未來學家一樣的思考（Think Like a Futurist）？

這個問題的答案很簡單，有一句成語叫做「未雨綢繆」，出門在外，沒有事先預備，忘了帶傘，遇到突來的豪雨，只有全身淋濕的份。在這個科技以驚人速度在改變這個世界的時代，隨時都會有突如其來，造成世界結構性變革的新科技冒出來，它或許改變我們的生活習慣（比如Netflix改變了我們看電影娛樂的習慣），或許取代了人類的工作（看看Amazon倉庫裏理貨的機器人，看看Tesla工廠裏組裝新車的機械人）。

突然之間，原來的工作沒了，年輕人在大學學的專業，還沒有踏出學校大門，就已經被推到歷史的灰燼之中。**不僅是教育者、父母，事實上，我們每一個人——是的，包括小孩——都需要養成思考未來的習慣和能力。**

當然，未來的變遷不會是一夕之間造成，幾乎每一個改變，包括看似簡單而細微的變化，都是各行各業專業領域的人多年心血帶來的結果，但是對於沒有在觀察、注意科技、科學、經濟、政治、社會演變的人，多數改變都是到了眼前才看到，就像碰到暴雨才想起忘了帶傘一樣，已經太遲了。

對於家長來說，忽略了關注未來、追蹤未來，除了自己措手不及外，還衝擊到自己小孩的未來。很多時候，尤其在我們所處的這個社會，小孩子的未來還是掌握在家長的手裏，因為家長無知的錯誤決定，影響了小孩子一輩子，這些事情，每天都在我們的身邊上演。

學習福爾摩斯觀察和分析

我們怎麼讓自己像未來學家一樣的思考？

我喜歡看福爾摩斯的故事，他常常到一個兇案現場勘查，當其他探員都還摸不清楚頭緒的時候，他已經自行宣布破案，因為他已經知道兇手是誰，他的犯罪動機是什麼。

他為什麼有這樣的能力？長期的觀察、分析、推理、整理分類後放在自己辦案的工具箱內，碰到情況吻合時就可以派上用場。

我們要看到未來，首先就要學福爾摩斯細膩的觀察分析能力。我們要去看看有哪些新科技正在發展，這些科技如果發展成熟會解決什麼社會問題，我們要注意觀察社會的事件，過濾掉大部分沒有用的報導，多讀多看，去了解社會的某些壓力點，因為這些社會的壓力點正是引爆點，它有可能會造成更大、牽連更廣的問題，屆時整個社會會產生什麼樣的可能改變和走向，這些觀察和研究都幫助我們更了解自己及小孩在未來社會的位置。

當然，社會還包括了國際社會，如果不用宏觀、鳥瞰的視野去觀察各國，尤其是鄰近的國家以及西方國家，我們不可能準確預測未來以及為未來準備。這也就是為什麼我們要討論未來的世界會是什麼樣貌，以及科技是如何影響我們教育下一代的原因。

以前有一部很有名的電影，叫做〈回到未來〉。〈回到未來〉的續集在一九八九年面市，這部電影很有趣的地方在於它預測了未來會發生什麼事。事實上，它預測的未來日子是二〇一五年十月二十一日，到了那一天，全世界的未來迷和影迷都在看電影裏到底預測中了哪些，又有哪些預言並沒有實現。

結果發現，以下這些預言實現了：指紋開門的科技、行動支付、video phone、

video glasses。而這些預測並未實現：智慧衣服，以垃圾當能源的車子、能在空中飛行的Hoverboard、自動綁鞋帶的鞋子、會遛狗的無人機、能在空中飛行的車子。從一九八八到二〇一五年，隔了近三十年，電影裏預言未來的功力算是不錯了。

現在我們來看看世界上最具影響力的科學家、社會學家以及未來學家如何預測距現在十年、二十年、三十年，甚至五十年後的未來世界會是什麼樣子，屆時人類的生活會是什麼樣貌。

首先，我們不要覺得五十年真的很久，那個時候，大概是希拉蕊的外孫正要選總統的時候；也是這本書的部分讀者的下一代正在為事業打拚的年代。記住，就像〈回到未來〉這部影片裏的故事提到的一樣，Marty的爸爸George和媽媽Lorraine如果沒有在舞會裡親吻，在家庭照裏的Marty就會消失掉，也就不會有他的存在，那他又如何能夠回到未來呢？

你的觀念和你的作法，左右了下一代的命運，我們豈能不慎乎？

未來學家Ray Kurzweil的預測

提到對人類未來的預測，許多人首先會想到的就是著名的未來學家Ray Kurzweil。他被許多人認為是先知人物，也有一些人認為他是個瘋子。

現在是Google工程部主任（Director of Engineering）的Ray Kurzweil對未來的預測是基於他的加速回報定律（the Law of Accelerating Returns）。這個理論這樣說：「人類是線性的，科技的發展是可預測的，它是指數型的。」

他這個理論可以用一個寓言故事來說明：在古代的中國，有一個人發明了象棋。皇帝非常喜愛他的新發明，就問這位發明家他要什麼做犒賞。發明家很謙虛，就在棋盤上第一格放了一粒米，第二格放了兩粒米，第三格放了四粒米，他抬起頭看著皇上。

聰明的皇上馬上懂了，原來發明家要的是每一格加倍的數量。那還不簡單，皇上馬上欣然同意。皇帝沒有料到的是，發明家要的米竟然是一個天文數字，即使地球上每一塊地方都種米，那要兩個地球才夠生產出那麼多米！據說，當皇帝發現發明家竟然如此貪婪，當場下令砍了發明家的頭。

這個故事說明了指數（Exponential）的威力，依照Kurzweil的說法，這就是科技成長的速度，而根據這個理論模型的預測，在過去也都證實為真。譬如他在一九九〇年預測，到了一九九八年，電腦會下贏世界第一的圍棋高手。事實上，在一九九八年，IBM發明的深藍（Deep Blue）電腦打敗了世界第一的圍棋大師Garry Kasparov。一九九九年他預測，到了二〇〇九年，人類會走到電腦直接以語音下指令的階段。事實上，大約在同時，Apple的語音秘書Siri開發也大致完成。二〇一〇年十月份，Kurzweil發表了一份一百四十八頁的報告，題目名稱是How My Predictions Are Fairing（我的預測準確嗎？）。

簡單的說，他的結論是他的預言幾乎都是正確的。這是一份非常有趣的報告，我們現在以Hindsight（後知之明）來讀這份報告，他的確命中許多。但是，不管他的預測結果正確性如何，這類心智的鍛鍊是非常有意義的大腦活動，對每一個人都非常有益。

預測未來的三十年、五十年，甚至更久，是一件很困難的事，因為牽涉到太多變數，但是預測未來的五年、十年，甚至二十年，除了有趣之外，我認為和我們的未來息息相關。道理很簡單，**如果你可以預測未來，就可以回溯到現在你應該做什麼樣的準備，這不但是有意義的事，而且在我看來，是非常重要的事。**

所以，我在這裏要出個作業，請寫下未來五年、十年，你認為世界會變成什麼樣子？如果你覺得想要冒險挑戰一下，就請你寫下未來二十年世界變成什麼樣貌？

如果你不知道怎麼寫，那我們就先來看看Kurzweil怎麼說。在看別人的預測時，如果你是為人父母者，請思考：如果他的預言成真，那我「現在」應該為自己、為小孩做什麼準備？如果你是創業者，你就應該思考，我要怎樣騎上這個浪頭？當這些預言成真的時候，你領先推出的是什麼產品或服務。

科技之為用，服務人類生活

二〇〇六年，我到書店買了一本Ray Kurzweil出版的新書，書名叫《奇點迫近：當人類超越生物學限度》（*The Singularity is Near*）。記得我那時候，很興奮的花了一個星期的時間幾乎不眠不休地把那本書讀完，看完之後的感覺只能用「不可置信」來形容。

我學的是人工智慧，從研究所開始，一直對人類文明的未來有高度興趣，對於Ray Kurzweil在書裏的預言，我相信都會成真，只是時間點上，我覺得他有點太快，至於他對或我對，只能留待時間來證明。

根據Ray Kurzweil的說法，人類科技的進步會達到一個他稱作Technological Singularity的分水嶺。

根據他的定義，簡單的說，Technological Singularity就是：「到那一點，人工智慧及科技的發展已經超越人腦能力所能理解的範圍，機器及電腦的智慧與能力，超過人腦的十億倍，更超過所有人類的腦力總和。」他預言，到達Singularity的時間點是二〇四五年。從那一點再往前走，整個宇宙都會被不可駕馭的機器及電腦智慧所充滿。二〇四五年並不是那麼遙遠的未來，我們且拭目以待。

Kurzweil在這本書裏做了一百四十七項對未來的預測，我們談過，有些預言已經成真，他自評正確度達到百分之八十六，現在來看看尚未到的時間點，他做了什麼預言？

一、在二〇一九～二〇二九的十年間：

電腦會到處置入我們生活環境中（手錶、手飾、牆上、傢俱等）；數位和電子的出版幾乎完全取代紙本的書籍；路上跑的大部分都是無人駕駛的汽車；3D列印技術會成為開放平台，3D印表機的體積會愈來愈大，人類幾乎可以用3D印表機印出所有的東西。

事實上，到今天，包括食物、房子、橋、人體的骨骼，都已經以3D印表機製造出來了。人們大量使用語言翻譯機；人工智慧已經具備創造出複雜的藝術及音樂作品；今天我們可以很清楚的看到他這些預言的準確度是很高的。

二、二〇二九～二〇三九年的十年間：

電腦已具有自動學習及創造新的知識的能力；一千美元一台的電腦，其威力已經能超越人腦的一千倍；在腦科學方面，人腦的Mapping技術已經找出大腦內數以百計的小區域；製造業、農業、交通運輸業幾乎已達完全自動化的階段；虛擬實境（Virtual Reality）的眼鏡及頭戴式的耳機都已改變成直接植入大腦內；人工智慧已經具有知覺（Consciousness），而且要求被承認他們已經具有本來人類獨有的知覺。

三、二〇三〇年代：

奈米機器植入大腦中，具控制大腦接受及發出訊號的能力，大腦內的Nanobots（奈米機器人）已經具有情感的反應力，Nanobots直接從人類的神經系統裏給我們全套的虛擬實境的經驗。

人類的心智已能上傳到雲端中，人腦已可變成軟體。就像傳統的手機接上雲端之後，能力可以增強一萬倍，人腦接上雲端之後，人類也會比原來聰明一萬；Nanobots將擊退所有的疾病，包括癌症在內。人類的壽命將會延長，幾乎可以達到長生不老

（Immortality）。

Nanobots可以直接由大腦中取得我們對親人的記憶和懷念，加上親人DNA的樣本，我們會有能力讓親人在虛擬實境中死而復生，Ray Kurzweil就說過許多次，他能把父親透過人工智慧帶回人世。

四、二〇四〇年代：

非生物型的智慧（即人工智慧）的能力已經超過生物型智慧數十億倍；人類大部分時間都活在虛擬實境的世界。

五、二〇四五年：

達到Technological Singularity的階段，人工智慧已經超越人類，成為宇宙具最大智慧的生命體（life forms）；一千美元一台的電腦，其智慧已經超過所有人類智慧的總和。

六、二〇九九年：

有一些Baby Boomers（嬰兒潮世代）到現在還活著；電腦取得和人類同的法律權；地球上，人類佔智慧型動物的少數；因為所有的智慧型生命體都是軟體控制的，因此，電腦病毒成為一個大問題；人工智慧在宇宙各處都設置了各種巨大的超級電腦。

如果你看了這些預測感到不安，你不是第一個人；如果你拒絕相信，你也不是第一個；問題是，科技的驚人進展，帶給我們的人類整體文明的進步，尤其是人類精神文明的進展。

很多人有誤解，認為科技是和人文、文化、甚至是和文明相對抗的。只要是推崇科技，就是反人文、反人類文明的精神層面，這是再錯誤不過的想法。事實上，科技是在為文化、為人文、為藝術、音樂、為人群全體之生活服務，它讓我們的生活更舒適便利，節省我們寶貴的時間，讓我們更聰明，有更強大的威力去把我們的生命活得更出色、更精彩、更滿足、更有意義、更美好。用一句話說，它幫助我們圓滿我們的生命。

但是不管你喜不喜歡，科技的強大威力將會改變我們的生活，不醒過來開始認識科技，親近科技，學會利用科技的人，只會變得更孤立，最後被文明的巨輪捲進歷史的廢墟裏。

做老師和父母的人，很粗淺的講，最大的責任之一就是引導我們的孩子在未來的世界裏活得悠遊自在，活得快樂，活得有用。如果你同意這一點，那就應該去認識科技，或者至少不要排斥科技，自己學習並且引導小孩學習了解新世界的新秩序，這樣才有可能達到我們養育及教育的目標。

全球未來二〇四五大會

二〇一三年六月十五日，一位三十二歲的俄國科技大亨Dmitry Itskov，召集了全世界有名的未來學家、科學家、創業家群聚在紐約，用兩天的時間，討論人類科技的未來，這個大會叫Global Future 2045 Congress（全球未來二〇四五大會）。

Dmitry Itskov以媒體起家，卻對新的科技充滿想像與興趣，他有個叫做Avatar Project的計畫，Avatar Project的終極目標就是讓人類跳脫死亡，活到永久，他的野心是把人類的大腦移到一個機器的替代人身上，這是因為人的軀體是會老化的，把人的身軀拋除是第一步，最後再把人腦（包括人的意識）上傳到電腦上，完成長生不老。

他給自己的期限是二〇四五年，因此他這個會議就叫全球未來二〇四五，他聚集這些專家於一堂，就是要經由討論人腦意識，人腦和機器的介面，還有科技與生物學的整合，最後達到他永續生命的目標。

全球未來二〇四五請來的專家包括我們提過的Ray Kurzweil；哈佛大學基因學教授George Church，他是直接基因排序技術的發明人，也是催生知名的Human Genome Project（人類基因計畫）的要角；X－獎金基金會的創辦人Peter H. Diamandis；知名的未來學家及創業家James Martin，他是英國牛津大學創校九百多年來最大的金主，他和牛津大學共同創立了The Oxford Martin School，他是早期自動化和軟體開發的拓荒者，是電腦史上重要的具影響力人物之一；知名的機器人科學家David Hanson，他創作的愛因斯坦的頭顱機器人在許多地方都可以看到；這裡提到的幾個人只是會議三十多位專家中的幾位而已。

大腦科技計畫

「全球未來二〇四五」會議展開前的同一年稍早，美國歐巴馬總統宣布了一項一億美元的重大研究計畫，這是繼「人類基因計畫」（Human Genome Project）另一項國家級且極具企圖心的計畫，歐巴馬稱之為「美國的下一個偉大計畫」（Next Great American Project）。

這個Project叫做BRAIN（Brain Research through Advancing Innovative Neurotechnologies）

由推動創新的奈米科技出發的大腦研究計畫，目標是重建人的大腦迴路同步擊發的每一個神經元（neuron）的活動，因此又叫BAM（Brain Activity Map，大腦活動圖）計畫。

這個計畫之所以野心極大，是因為一旦它真的做到之後，許多大腦相關的疾病，包括阿茲海默症（Alzheimer's Disease）、帕金森症、癲癇症、創傷後壓力症候群（PTSD）等病症在大腦內的活動就無所遁形，對於科學家找出它們的病因和解法，原來有如在黑暗中尋覓失物，到時候變成在大放光明中一目了然，這和原先的瞎子摸象，有如天壤之別。

也在二〇一三年，歐盟宣布了一項大型的研究計畫，它是投資十二億美元，長達十年的有關大腦與科技的計畫，叫做Human Brain Project（人類大腦計畫），歐盟的科學家將嘗試用超級電腦模擬整個人類大腦所有的活動。

英國的James Martin認為屆時在兩大大腦科技的計畫完成之後，人類歷史將會整個改變，所有的大腦疾病都會被治癒，大腦內植入物體將會是司空見慣，藉由改變大腦或改變基因的方式，人類將會變得更聰明、視力更強、聽力更清晰、更快速、更有效率，再結合電腦的無窮威力，人類將有更大能力想出更多好的想法，更多的創新，人類也將變得更聰明，發展出更強的工具，進入一種正面的反饋循環（feedback loop）現象，人類文明的發展將因此會無遠弗屆。

在生物科技方面，人類將能複製幾乎所有的器官，特別是由生物自體的細胞培植出來的器官，在移植時將會大大的降低排斥現象。奈米科技也將加入戰場，愈來愈多的小東西將會植入人體，在大腦中的植體讓我們不再需要電腦螢幕或者虛擬實境的眼鏡，直接就可以看到好幾個螢幕同時播放或運算。

我們會學會把人體當機器看，人體成了推動這些硬體的軟體，不管是基因療法（Gene Therapies）、幹細胞療法，或者是3D列印出來的器官，都會被看成像是換機器的作業系統或軟體重新安裝一樣。

歐盟以電腦模擬人腦計畫的成果，會讓我們修補出狀況的人體。這些基因學、幹細胞的研究、3D列印的進步，適合嵌入人體的各種材料的研發，以及奈米科技的突破，讓人類發展出的新東西比較不像是機器，而是能和人體結合，增強人類能力的生物體，人類會愈來愈像Cyborg（生化人）。

哈佛大學教授George Church說，如果你對像這樣的生物科技發展感到不舒服，「那趕快習慣它，因為我們現在已經在許多方面這樣做了。」

事實上，人類已經在心臟裝上支架，配上電動的Pacemaker（心律調整器），我們也接受口腔內植牙，在膝蓋打上鋼釘，在鼻子上裝人造軟骨，在胸部填充矽膠，這些不都是改變了我們原本的、自然的、上天賦予的人體嗎？

我相信，到時候讓人像超級天才一樣的晶片可以植入大腦時，要爭著安裝的隊伍，絕對不會比好市多（Costco）開幕時，等著吃免費早餐，綿延數公里的隊伍還要短吧。

放大視野看未來

說了這麼多，只是描述了未來世界的一部分。未來的政治，特別是國際政治、經濟的發展、國與國之間的競爭、摩擦、衝突只會愈來愈多，那是因為問題愈來愈多，愈來愈複雜。以前我們只要管地球上的事，到時候人類已經移民到火星、月球、或多個星球，漫遊在宇宙中，要管的事就更多了。

不久之前，競選美國總統的希拉蕊才宣布，她當選總統之後，承諾馬上公布美國政府的五十一區（Area 51）的檔案，也就是公開人類到現在對於「外星人」（Aliens）這件事所有的研究以及現在已知的事實。至少在現在，沒有人知道有沒有外星人，沒有人可以證實，我們只能確知一點，外星人會讓我們手上的棘手事情又多了一樣。

但是不管有沒有外星人，人類忙著在新世界裏建立新的秩序，根本已經忙不過來，群體是如此，縮小到個人也會是如此。對著我們或下一代幾乎無限延長的壽命，我們要積極學習、積極參與，搭上科技改變世界的列車，讓自己活得有意義。我們也可以變得像局外人一般，縮在一個小角落，等著別人來支配我們。我想這是每一個人，特別是當父母的人，要仔細思考的一件事。

前面我們談的是人類在未來十年、二十年、三十年、五十年以上可能的發展，裏面的預測或描述，或許會讓有些人覺得驚訝、沮喪或不安，但這不是我在談這件事的目的。

我的目的是讓我們在埋首每日的生活瑣事，或者專注在自己周遭所發生的大小事物的時候，也能抬起頭來，放大我們的視野，看看想想那些原本我們以為和我們毫不相干的事情，其實正在操縱，或者說遙控我們的生活。這些發展我們現在可以看不見、聽不到、摸不著、用不到，但是和我們其實是息息相關，也是我們應該時時關心，隨時放在我們雷達的掃描區域之內的事。

要怎麼做？就要看你自己了。

CHAPTER 3

未來的世界其實就在眼前

為了幫你看得更清楚一點，科技的發展怎麼影響到我們，讓我們來看看已經在我們日常生活裏的科技是什麼樣子。

Amazon這家公司，從一九九四年創立至今，是Fortune 500第二十九大公司，創辦人Jeff Bezos也為自己累積了超過七百億美元的資產，成為世界上第五位富有的人。

Amazon由網上賣書起家，但是Jeff Bezos的野心從一開始就不是只是賣書，他要賣「地球上所有的東西」。因此他在美國各處，買下廣大的工地，到處蓋他的倉庫，做為他迅速發貨的集散中心。

大型的倉庫裏要僱用許多當地的勞工來處理，做理貨、送貨的工作。這些工作非常繁重，除了要體力外，還要細心、小心，工時非常長，又不能隨意請假。因此常爆出工人的抱怨，低薪資、長工時、工作環境不但熱，而且空氣不流通（Amazon的大型倉庫常蓋在郊外或者是沙漠中），Amazon血汗工廠之名不脛而走。

Brad Stone寫的一本書《什麼都能賣！貝佐斯如何締造亞馬遜傳奇》（*The Everything Store*）裏面對於這一點有生動的描述。Amazon倉庫裏的勞資糾紛，多年來一直是維持這種緊張的狀況，直到這一兩年來勞資的問題突然不見提起。原來Amazon開始大量的採用機器人來做理貨、發貨的事，工廠不但是二十四小時，一周七天，一年三百六十五天不停的發貨，而且有時候是漆黑一片伸手不見五指的無人工廠，機器人正在繼續建構Jeff Bezos全世界最大百貨公司的美夢。

3D列印發展超乎想像

就在一兩年前，還可以聽到、看到一些人，有些還是各界的領袖，唱衰3D列印的技術。他們說，3D列印只是小孩的玩具，不可能有什麼實際的用途。這幾年3D列印機爆炸性的發展，徹底封住這些人的嘴。今天，3D列印已經能應用在生活上、工業上、藝術上，幾乎生活的每個層面，都可以而且需要用到它。

在未來EDUx學校裏，不只是工坊（Fab Shop），在所有的教室裏，都會有大大小小不同的3D列印機放在那裏，學生可以隨時隨地發揮他們的想像與創意，不管是做Prototype（原型）或者是Final Product（最後的完成品），3D列印機都會是創意連在一起的基本配備。

現在EDUx學校的學生，從小就必須開始學習Autodesk 123D、Tinkercad，或Google的Sketchup，或者更複雜的3D繪圖軟體Solidwork，沒有這些軟體，學生的創意無法經由3D列印硬體流洩出來，硬體只是個空殼子，這就是為什麼我們強調軟體的原因。

3D列印除了功能愈來愈強大之外，最大的優點是大大降低了產品開發的成本。這個趨勢會愈來愈成熟，它會繼續衝擊許多物品的售價，影響人類整體的經濟模式。

舉例來說，有一個義大利的私人公司，叫做WASP（World's Advanced Saving Project），他們在二〇一五年建了一個號稱是全世界最大的3D列印機，這是一個高達十二公尺的超大結構，他們稱它做Big Delta。Big Delta可以在很短的時間內列印出堅固的房子，而且他們宣稱造價幾近於零，因為Big Delta非常省電，而且可以就地取材，不論泥巴、黏土，或者自然纖維，都可以拿來蓋房子。

根據聯合國的統計，因為人口的增加和遷徙，至少在未來的十五年內，人類每天需要蓋十萬戶的房子，才能滿足我們居住的需求。WASP說，他們蓋的房子用途非常廣，除了一般的居住之外，特別適合天災後難民的臨時住所、戰亂中的難民營，或者人類登陸或移民外太空的居住需求。

Big Delta蓋的房子耐住耐久嗎？其實他們的取名和設計靈感來自於一種叫做Potter Wasp（泥壺蜂，又叫土蜂）的黃蜂。土蜂用口水和泥巴築巢蓋出來的巢穴是可以通過日曬雨淋，甚至是暴風雨的考驗，它的堅固性無庸置疑。WASP還正在研究加入一些環保的材料，蓋出來的房子可以具備自動驅蟲的功能。

Big Delta也可以使用傳統的水泥來蓋房子，當然這和他們綠色環保的概念背道而馳，但這也說明了3D列印用在築屋上不論在材料或設計上都具備無限的彈性和變化的可能，比如說要蓋出圓形、橢圓形或任何形狀的房子，對3D列印都易如反掌。但是對傳統建築來說，要蓋一個圓形的房子，卻是非常困難。

如果你覺得3D列印只能蓋粗糙的房子，那你就錯了。杜拜的未來博物館（Museum of the Future）總部就是3D列印出來的。如果這還不夠精細，那看看一位瑞士建築師用複雜的演算法設計了一個由二億六千萬片砂岩（sandstone）平面組成的一個古典天主教教堂式房間，他們印出的平面每片只有一毫米厚。這個總重十一噸的材料，花了他們一部3D印表機以一個月的時間列印，卻只花了一天的時間組裝。

我們可以合理推論，如果使用多部印表機同時工作，以前米開朗基羅和他的工匠們花百年才能打造出來的聖殿，現在可能只要一天就可以做到。這，就是科技的威力。

穿戴式科技隨處可見

另一個驚人的發展是虛擬實境，Oculus公司的虛擬實境眼鏡Oculus Rift已經在二〇一六年公諸於世，HTC的Vive、Sony的Play Station VR、Razor的OSVR、Fove的VR群雄並起，虛擬實境已經由一九九〇年代的火鳥重生成今天炙手可熱的科技，虛擬實境將是影響人類生活的重大發明。

但虛擬實境只是穿戴式科技（Wearable Technology）的一小部分，Fitbit和小米為首的運動監視器愈來愈先進，不久的將來將演進成足以監視我們健康的每一個層面（包括睡眠、血糖等），甚至發現或預警某些疾病的穿戴式裝置。

針對女性設計，和時尚結合的穿戴裝置已經侵入了手錶、首飾、提包、衣服的領域。不久的將來，女士身上的所有用品都將智慧化，不僅如此，訊息將會數量化，以後我們會看到滿街走動的女性都是「量化的女人」（Quantified Women），有了這些智慧化團隊的幫忙，她們對自己的身體狀況將會瞭若指掌。

不久的將來，如果你在捷運上看到一位女孩突然臉上閃過一抹略帶驚奇又母性的微笑，可能她的手機，或者手環，或者是耳機剛剛偵測到並且在第一時間恭喜她：妳懷孕了。

情緒和壓力是人類生活裏重要的一部分，穿戴式裝置已經開始把腦神經科學Neurofeedback（神經反饋）的原理應用上去，它能偵測我們的睡眠狀態、心跳、汗液，甚至皮膚電流反應，量化的告訴我們身體緊張的狀況，以及應用神經反饋的方式減輕我們壓力的方式。

如果你和我一樣，需要穿戴式裝置的功能，但並不喜歡去展示它，那你並不孤單，因為大約有三分之一的人不想要別人看到他使用穿戴裝置。

AmpStrip追蹤你的身體在運動時的變化，它是一個貼條，貼在你身上、衣服底下，沒有人看見，但是你可以知道你跑了多少步、舉了多少的重量、心跳的變化等訊息。這是最基本的隱形式穿戴裝置。另外有像紋身一般紋在身上的小裝置、吞下或植入人體的裝置，都是已經在使用的科技。

我找了許多理由，避免去做腸鏡或胃鏡的檢查，因為我知道這類侵入性的檢查，即使在醫生或護理人員小心處理之下，仍然會滿痛苦，或者最少是很不舒服，甚至可以說是羞辱的經驗。如果運氣不好，碰到大剌剌、粗魯而沒有同理心的醫生或醫護人員在操作胃鏡或大腸鏡，那真是倍加痛苦。

但是有個以色列的公司發明了一種叫做PillCam的器材，它的大小大約是十一乘二十六毫米。由口中吞下後，它就沿著食道、胃部、大小腸，直到由肛門排出，這中間PillCam不停地拍照，並且即時傳送出高解析度的影像。最棒的是，它的價錢只有傳統侵入性檢查方式的十分之一。

既然毫無痛苦，價錢又低，那是不是還在實驗室的階段，還沒能用在臨床上？答案是全球有好幾百萬人已經用這樣的方式檢查了。

植入人體的小東西只會愈來愈多，PillCam只是一個簡單的小型照相機罷了，但是洛杉磯兒童醫院及南加州大學共同研發出的可以直接植入人類胚胎的小小心律調整器可就不只是一個檢查工具，而是可以挽救許多先天心臟發育不良嬰兒的性命。以前，懷有心臟問題嬰兒的母親，最後可能不是流產就是早產，嚴重威脅到小嬰兒的生命，科技的發展得以救回這些寶貴的小生命，這又是一個科技為人群服務的例子。

交通運輸

速度是人類文明進步的指標之一。人類由雙腳走路到跑步，到發現圓形的東西可以滾動的比雙腳走路或跑步快，人類發明了輪子，以及自行車、摩托車、汽車。一九〇三年十二月十七日華特兄弟（Wright Brothers）開了一架飛行器，正式把人類帶上天空。一九四六年一月十九日人類第一次駕著超音速的飛機在天空中飛翔，這部叫做Bell X-1的飛機達到將近每小時一千六百公里的速度，自此人類追求更快更遠的腳步就從來不曾停歇過。

我們也一直在地面上追求速度。不談賽車，我們談大眾交通運輸工具。高速鐵路及懸浮列車主要分布在美國、英國、法國、義大利、西班牙、德國、瑞士、瑞典，以及亞洲的中國、日本、韓國與台灣等，其中速度最快的是法國Alstom公司所製造的TGV POS，最快紀錄達到每小時五百七十四點八公里，一般的高速列車大概在每小時二百到三百公里之間。

夢想企業家Elon Musk，同時也是電動汽車公司Tesla及火箭探險公司SpaceX的創辦人，他構思的Hyperloop的夢想是比所有高速列車還要快的懸浮真空管子彈（Capsule）列車，Elon Musk稱它做「第五種運輸工具」（The Fifth Mode of Transport）。

二〇一六年五月十一日，Hyperloop Transportation Technologies（HTT）在美國內華達州的沙漠裏，成功的完成了他們第一次的測試，Hyperloop One在一點一秒內由靜止達到每小時九十六點五公里的速度，整個測試的時間只有二秒鐘，觀眾只要一不小心眨個眼就會錯失整個測試的精彩畫面。HTT計畫二〇一七年在美國加州完成軌道鋪設，在二〇一八年開始載運消費者。

Hyperloop的速度有多快？HTT的說法是最高時速可達一千二百公里，平均速度是每小時九百七十公里，如果能成真，這是個令人興奮的數字，因為那即將是人類首次在地面上以接近音速的速度行駛。

無人駕駛汽車

自動駕駛汽車（Self-driving cars）和無人駕駛（driverless cars）其實嚴格定義下是不同的，但平常的概念裏，我們可以說這兩個詞是互通的。

人類一直在期待Self-Driving Cars（不需人駕駛的汽車）的真正到來。全世界的駕駛人都在問，我什麼時候可以買一部自動駕駛的汽車回家？這個問題的答案看你怎麼定義。自動駕駛的汽車可以再細分為半自動駕駛（Semi-Autonomous Cars）及全自動駕駛（Fully Autonomous Cars）兩類，半自動駕駛汽車指的是那些具有部分全自動駕駛功能的汽車，這類汽車已經可以在路上看到。但一般人心中的自動駕駛汽車指的是全自動汽車，意思是駕駛人，不，應該說汽車的車主，要由A點到達B點，中間的過程完全由車子自動完成，不需車主插手駕駛。這種全自動駕駛汽車會在二〇一九年面世，到二〇二〇年估計會有超過一千萬輛的自動駕駛在馬路上趴趴走。

或許有些人會擔心無人駕駛汽車的安全性，事實上，自動汽車的優點之一就是它能減少許多車禍發生。Volvo汽車公司就宣稱，到了二〇二〇年，「任何車禍的發生，都不會有

Volvo的車子牽涉在內。」我們且拭目以待，二〇二〇年的東京夏季奧運，會有多少自動駕駛的汽車來來去去，在繁忙的賽事和交通之下，會有多少車禍，自動駕駛汽車能有多安全？

自動駕駛汽車用在像Uber之類共乘的公司，因為牽涉到許多Uber駕駛人失業的問題，情況就變得有點複雜。Uber究竟有多少「員工」（我指的是駕駛人）？Uber自己宣稱在美國有十六萬人，在全世界的駕駛人是多少，Uber並沒有公布。但是Uber在全球七十一個國家，四百二十九個城市都有生意，粗估其駕駛人至少達到一百萬人以上。

另一家Lyft在全美二百個以上的城市和Uber白熱化的競爭，它的駕駛人也非常多，而且成長的速度超過Uber，這兩家公司每個月招進的駕駛人恐怕超過十萬名，這麼龐大的人數和就業機會，在短短幾年之內大有可能就會完全化成泡影，真是比吹氣氣球爆破還要快，所以怎麼說都是一個很敏感的話題。因此Uber的執行長 Travis Kalanick在回答有關Uber轉換成無人駕駛的經營模式問題時，話就說得很保留，只說他們會樂觀看待。

果不其然，二〇一六年九月Uber已經搶先開始在美國賓州匹茲堡測試無人駕駛汽車了。

相對的，Lyft就衝得很快。Lyft已經和它的投資者通用汽車（General Motors），在二〇一六年五月共同宣布將在一年開始試用自動駕駛來載運乘客。

這是一條不歸路，機器人和科技將取代許多人的工作機會，人類必須要學習包括新科技在內的許多新的知識，不這麼做或者晚點做，只會成為被取代的對象。

人工智慧律師Ross

並不是只有藍領的工作正在消失中，白領工作被新科技的發明取代的機會一樣大。

全球第一個人工智慧律師在二〇一六年五月正式加入Baker & Hostetler（B&H）律師事務所，這位律師叫Ross，Ross其實沒有資格參加律師考試，因此說它是律師是不正確的，但是Ross加入B&H裏有五十位律師的破產法部門之後，它的表現令人刮目相看，它不但具有律師的程度，還是一位超級律師。

你給Ross一個問題，它馬上把所有的法律條文、所有的判例全部讀過一遍，Ross給你的答案還附上舉證的法條，相關的判例法（Case Law），以及其他的參考資料，光是這樣，已經沒有一位人類的律師可以做到。但是還沒完，Ross具有自動學習的功能，你給它的每一個問題及它所做的研究全部進了它的資料庫，它的能力又增長了。不僅如此，Ross不需要睡覺，它二十四小時監控所有和法律相關的事件，只要是和公司處理的法律案件有關的判決或條文，Ross會立刻通知相關的人。

這樣具超級學習能力的律師，是每位律師夢寐以求的工作夥伴，它會讓每個人的工作輕鬆許多。不過，由另一個角度看，律師事務所的合夥律師可能會覺得原來需要五十個人團隊做的事，現在只需要少數幾個人就夠了，其他的人不是轉去做Ross（或其他愈來愈多的具學習能力的機器人）沒辦法做的高級工作，就是被告知要另謀高就了。

問題是，B&H也說了，他們雖然是搶先宣布Ross的加入，其他的律師事務所也已僱用類似Ross的人工智慧機器人，也馬上就會宣布了。因此，另謀高就恐怕也有點困難。

這位助教原來是……

喬治亞理工大學（Georgia Institute of Technology）一堂研究生的人工智慧課程裏，有三百多位學生，九位TA（Teaching Assistants，即助教）。Eric Wilson是這堂課的學生，他對上次自己交出的報告不太滿意，於是寫了一封Email給他的TA。幾分鐘後TA回了，告訴他，很抱歉無法讓他重寫一次交出的報告。

這位TA叫Jill Watson，她經常負責公告班上作業、討論題目等訊息，同學想像她大概是二十來歲的白人女博士生，同學雖然沒見過她，但是一整個學期下來，每個學生對她的印象都很好，就在期末考前夕，教授對全班宣布助教Jill Watson是一個機器人。全班聽到這個消息，每個人臉上都露出難以置信的表情，感覺自己被耍了。

「她的回答都很正常，完全猜不出來是機器人。」有一位同學說。

「就在我想提名她當模範TA的時候，……」另一位同學說。

教授說，「一學期裏，同學大概要發出一萬封的Email，我們的TA都忙得不得閒，Jill幫了我們很大的忙。」教授估計，一年內，機器人可以回答大約百分之四十的問題，大多是一些基本的、重複的、事務性質的問題，讓其他TA可以有時間回答複雜的問題。

另外，Jill Watson的姓來自IBM的華特生實驗室（Watson Lab），那是她的出生地。以後學生恐怕要先確定姓Watson的人是不是機器人了。

人工智慧和機械學習影響下的藝術

人工智慧、機械學習（Machine Learning）、機器人（Robots）、數位科技、虛擬實境、擴增實境（Augmented Reality）等等和藝術、文學、音樂結合是正在如火如荼進行的研究和實作。舉個例子，人工智慧和機器學習可以經由吸收、分析畢卡索的所有作品，曾經影響過他的所有作品和畫家，以及當代的風格和歷史文化背景，重新模擬出畢卡索所有的作品。不僅如此，經過不斷的學習之後，它會具有源源不斷的創新能力，畫出超越藝術家所有作品的創作。機器人會宣稱，如果畢卡索有永續的生命，活到今天，這些作品就會是他有可能會創作出來的新風格。

有許多人會反對，但是沒有關係，藝術拍賣市場反應熱絡，機器人設計師David Hanson製作的畢卡索就站在你面前，娓娓訴說他對新的創作的想法，畢卡索（不，應該說畢卡索的再生）的作品一天比一天洛陽紙貴。不是僅有畢卡索如此，文藝復興時代的波堤切利、達文西、米開朗基羅、拉斐爾，巴洛克時代的魯本斯、林布蘭，十九世紀的馬內、竇加、塞尚、莫內、雷諾瓦、高更，二十世紀的馬諦斯、歐姬芙、梵谷、波拉克、安迪沃荷，全都回來了，藝術市場的熱絡，超過過去所有的世代。

文學和音樂也是如此，莎士比亞、狄更斯、惠特曼、愛倫坡、愛默生、梭羅、巴赫、莫札特、貝多芬、柴可夫斯基、蕭邦，都會回到我們眼前，我們會熱切的期待他們的新作品。當然，許多專家會對機器人的創作嗤之以鼻，可是一次又一次當他們斥之為贗品的作品，被證明事實上是藝術家、作家、音樂家、作曲家未出土的真蹟時，他們已經完全失去公信力，機器人的創作將會被公允的評論家認定和原作的風格、水平不相上下，甚至是更好的作品，市場的價格也會反映這些新藝術品的品質。

而尚未過世的藝術家甚至可以親自傳授一生絕學給機器人，長時間的學習、模擬，藝術家親自修正、再學習，機器人將獲得藝術家親自的認證和許可，將來藝術家軀體辭世之後，他的新作品仍將源源不斷，創作的生命將得以永續。

來看看新科技是如何影響藝術世界。Adrien M/Claire B是一個法國的現代舞團，我們看了許多現代舞傑出的作品，Martha Graham、Alvin Ailey、Merce Cunningham的舞作豐富了人類的生命，但是M/B代表新科技和現代舞的結合，它代表現代舞新的可能性，它是3D投射技術和舞蹈藝術的合作，3D創造出舞台上的動態、數位、虛擬實境和舞者在編舞家的意念下互動，舞者穿梭跳躍在由天而降的Pixel Mapping（畫素鏡射）的起伏下，舞台拿著雨傘遮著由天而降的Pixel Rain（畫素雨），虛擬和實際的世界在舞台上合而為一。

這是電腦、數學、物理、工程、藝術和舞蹈的結合，因為它是虛擬的，因此編舞家可以突破舞者身體的限制，他的想像不再囿於舞者的身體，這是一個突破，一個解放，也是科技帶給藝術的獻禮。

無人機用處廣泛

我喜歡看的福爾摩斯探案電視劇裏最近演出我覺得很有趣的一幕。在警局偵訊室裏被警探詰問的嫌犯，在正要供出幕後主使人的時候，突然手握自己的脖子，然後倒地不起，一命嗚呼。福爾摩斯腦中一轉，明白發生了什麼事，衝進偵訊室要救人，已經來不及了。

福爾摩斯向在場的警長和探員解釋，嫌犯是被背後指使的藏鏡人派人殺死的。而這個殺手，不是一個人，而是一架無人機（drone）。如蚊子般大小的無人機載了毒液由通風口飛進來，無人機叮在嫌犯脖子上，把毒液由針頭刺入，完成殺人任務，再由通風口飛走。探員這時候才憶起，剛才好像有看到蚊子飛進來，但是那只是一隻蚊子呀。

我說有點驚訝這一幕劇情的原因是，這完全是有可能實際發生的事。你想編劇都寫得出來，難道各個國家——特別是美國——的軍事研究單位會不清楚嗎？

談這個例子的目的不是危言聳聽，而是在說明無人機在新世代的重要角色。事實上，英國在二〇一二年就已經使用PD-100 Black Hornet Drone在阿富汗戰爭上。當然，無人機的應用範圍非常廣，將來在物聯網（IoT）的世界裏，工廠裏隨時都會有無人機飛來飛去、攝影、拍照、收集及傳送資訊只是它的功能的一小部分。

舉例來說，有一個地方火山爆發了，我們可以派出一架無人機去拍攝以及採集火山口的岩漿，送到實驗室分析出火山爆發的原因，以及未來可能的動向。今天可能有一位登山客失足掉進山谷中，無人機可以去尋找他。

二〇一五年的Intel ISEF（英特爾國際科學展），有一位十五歲的孩子提出一個由螢火蟲得到靈感的發明，他的無人機可以不需人操控，在飛行中自動迴避障礙物或牆壁，飛進火災現場，找尋起火點、起火原因，或找尋困在火場的人或動物。

我在想，或許不久的將來，無人機可以在地震後倒塌的建築物殘骸裏，鑽進很小的、人根本爬不進去的空間裏去搜尋被困的生命跡象，這樣救災的速度和效率，以及被救活的人數都會大大的增加。

當然，無人機的用處絕不僅於此。現在無人機最熱門的用處是拿它來拍自拍照

（Selfie），和傳統的自拍照不同，無人機自拍照可以三百六十度繞著拍照的人拍，拍出來就像電影裏用吊桿拍整個場景鳥瞰的感覺，非常的特別。

有這麼一個影片，一個人站在小島的懸崖邊，放出他的無人機自拍，無人機愈飛愈高，愈飛愈遠，整個人愈來愈小，直到融入森林裏，再也看不見，接著整個小島的全貌也漸漸呈現，然後我們看到整個海岸線，這麼壯觀的自拍照，相信看過的人都會覺得這是他所看過最酷的自拍照。

有許多公司正在加快腳步開發出輕薄短小的無人機，有一天我們會看到一群在咖啡廳聚餐聊天的女士們，有人從皮包裏拿出一個小東西，女士把小東西放在手掌上，這個小玩意兒在手掌上自動展開，變換成一隻小小的無人機，這個無人機還有個名字，女士稱它為Tim。只見Tim展翅輕飛，停在半空中，女士們擠在一起，各個笑臉迎向Tim，拍了幾張之後，Tim飛到另一個角度再拍，就這樣來來去去拍了幾十張的照片和影片，這時候女士右手往空中一伸，Tim飛回輕輕地降落在掌中，然後再自動折疊，變回原來的白色小盒狀，女士如收回化妝品般把Tim再收回包包裏。這個時候，每位女士已經忙著在個人手機裏查看Tim傳過來的影像。

Tim怎麼知道如何傳送影像給每一個女士？因為Tim附掛的感應器透過手機互聯網的條碼讀取每個人的手機號碼。當然，Tim不會忘記以內建的人工智慧軟體選擇幾張照片上傳到Facebook和Instagram上，而且記得標記（tag）每個人的名字。

電影導演Richie Johnson拿無人機幫英國樂團Marconi Union的一首歌〈Weightless〉（無重量）製作音樂錄影帶，他在無人機上放了一個LED燈，利用縮時攝影的技巧，讓無人機在湖上飛翔，看到無人機在空中劃過，忽然一隻無人機幻化成數隻，數十隻的無人機，忽而列隊，忽而並排在湖光和霧霾中飛翔，導演成為編舞者，舞群在山中飛舞，舞姿倒映在湖中，無人機忽多忽少，再配上音樂，整體效果令人驚豔。

談到無人機，不能不提到Raffaello D'Andrea，他是在義大利出生，加拿大長大，瑞士工作的創業家。他在一九九七年取得美國加州理工學院電機系的博士後，受聘到康乃爾大學擔任教授。在二〇〇三年教授年休的一年內，他和幾位同事共同創辦了Kiva Systems，這是一個設計及製造工廠理貨搬貨的機械人公司。

Kiva Systems在二〇〇七年被Amazon併購，改名Amazon Robotics。Amazon除了用Kiva Systems的機器人完成它無人倉庫的計畫之外，和它許多其他的服務一樣，Amazon喜歡一魚多吃，除了自用之外，也提供服務給其他公司使用。

D'Andrea賣了公司之後，就受聘到瑞士的蘇黎世聯邦理工學院（ETH Zurich）當教授，他又和同事在二〇一四年創辦了Verity Studios，專注在開發無人機的各種應用，其中包括無人機作為公眾表演的演出。

D'Andrea二〇一六年在TED的演講有超過一百五十萬人次的點閱率，在八分鐘的演講中，他又說又示範了無人機許多的應用，演講中他熄滅講台上和觀眾席上的所有燈光，雙手捧著一隻無人機，輕輕的送出後，無人機單飛在觀眾席上的黑色空間，所有的觀眾都躺著仰望著光點在空中飛舞，好像在仰見穹蒼中的流星雨一般，然後另一架無人機從觀眾席後方加入，然後另一架，一直到整個空間布滿了翩翩飛舞的無人機群，最後所有的無人機一起降落到舞台上，燈光亮起，群眾響起如雷的掌聲。

我在想，不久的將來，人們會看膩了每年跨年大同小異的煙火秀，有一天煙火秀會被無人機秀取代，想像數百隻，甚至數千隻的無人機，帶著不同顏色的LED燈，也許帶著煙火，環繞著台北一〇一大樓，由低樓飛到最高層，再俯衝而下，最後如浴火鳳凰般由漆黑的天空中升起，在燈光煙火中，在所有觀看群眾驚嘆聲中完成第一次的跨年無人機秀。

這只是科技和人文、藝術、文化、表演結合的例子。未來，各種音樂藝術或電影及各種娛樂表演會受到科技愈來愈大的影響。兩度奧斯卡金像獎導演李安的新片〈比利・林恩的中場戰事〉（Billy Lynn's Long Halftime Walk）就是一個最好的例子。

李安用了3D數位攝影，每秒每眼一百二十張的速度——那是平常五倍的畫面更新率（Frame Rate）——放出4K解析度的影像，異常清楚的高解析度影像令人驚豔。高科技帶給李安特殊的說故事能力，那和傳統拍法放在一起的時候，才能真正體會出它的差別。影像的品質不只增強了說服力，習慣高科技產品的觀眾胃口被養大之後，再也回不去了。

高科技的技術或衍生的服務入侵到我們生活的每一個層面，下一代的年輕人不能只是滿足於成為科技的消費者，而要以成為科技的製造者自許。

現在談的事情是已經發生的事，如果加上不久的將來加入的創新和發明，它的影響層面只會迅速的擴大，**人類因應之道，就是不斷的學習，不斷的創新。**

EDUx學校的所有的理念、作法、所努力的，就是教育出具強烈好奇心、學習熱情與能力，追求不斷超越自我，不停創新的人。

但是現行的教育無法培養出這樣的人才，要達到這個目標，任何由起點到最終目標的障礙，阻礙學習的路障——包括過時的教育制度、政策和作法，對學習無貢獻的考試、作業——全部都要推垮，都要掃除。教育行政人員、教師和父母等，也都要換腦袋，改變作法，因為這是培育出能應付未來世界的人唯一的方式。

開始學新的技術，觀察正在改變人類生活的新趨勢，才能讓自己或孩子在新的世代化為主動、主導的角色，否則就會被邊緣化，變成一個存在與否無關緊要的人，這是一件再清楚不過的事。我們寫這本書，提供新的知識和觀念，用意正是如此。

PART II

Hour of Code運動

一小時學電腦程式

CHAPTER 4

Code.org 推動Hour of Code，風行全球

二〇一一年十月五日，賈伯斯過世的時候，Hadi Partovi想到自己能做些什麼傳承的工作，於是開始構思下一代的電腦程式教育，最後決定全心投入非營利組織的科技教育計畫。二〇一三年初，Hadi和孿生兄弟Ali共同創辦了Code.org，這個基金會的目的是為了讓所有中小學生都能夠學習電腦程式。他設計了Hour of Code（一小時學電腦程式）的活動，召集了超過二百個企業與個人，大家出錢出力，包括科技界的龍頭老大、明日之星、學界、政界、娛樂界、NBA運動員、諾貝爾獎得主，全都支持科技教育的使命。

美國由歐巴馬總統本人及他的政府機構全力支持這項活動，更得到微軟創辦人比爾蓋茲、臉書創辦人Mark Zuckerberg、影星及投資人艾希頓庫奇等政界、企業界、教育界、娛樂界的知名人士大力背書，這是因為他們體認

到高科技教育將是國家未來競爭力之所在。

歐巴馬大力支持Hour of Code，他對全美的中小學生說了一句話：「學習電腦程式這件事不只是對你的前途重要，對我們國家的前途更是重要。」這句話，不只是對美國適用，對台灣及全世界的小朋友都適用。

美國夢和草根運動

Hadi出生於伊朗，十歲時父親給他們兄弟一台電腦，告訴他們如果想玩遊戲就自己設計一個來娛樂自己。那時兩伊戰爭，他們住家附近的電視台是轟炸目標，所以經常躲在防空洞裏，兄弟許多的時間花在電腦上。十二歲時，Partovi全家移民美國，他們在伊朗是一個相當有影響力的家族，但是到美國後，全部都得從頭開始。

為了養家活口，讓小孩子獲得好的教育，父母親身兼數職，而Hadi也靠著自己的本事，當軟體工程師，半工半讀，在哈佛大學修到電腦系碩士學位。畢業後，他不但有好工作，進而開了好幾家公司，也都相繼賣給大公司。所以在科技界，他是一個非常成功的人士，也是個有名氣的天使投資人，他是Facebook、Airbnb、Dropbox的早期投資人。他說他的經歷是移民者追求的美國夢（American Dream）。

經由Hadi的努力，很多人開始注意到學習程式設計這件事，大大小小的公司也因為認識到這件事對下一代的重要性，真的是二十一世紀最重要的一項技能，Facebook、Google、Microsoft、Apple等知名公司及新創公司，還有娛樂界像迪士尼樂園，都相繼拿出名下家喻戶曉的電影、卡通、遊戲的人物出來，製作成令小孩亮眼的學習程式設計的課程。

可能因為Hadi本身是一個移民，又是完成了美國夢的人，所以他的胸襟也是世界一家（We are the world），他不但在美國推廣科技教育，也希望全世界各地的學童都能受益。我們二〇一三年在美國的時候，參與了這項盛舉，感覺到這股強大的浪潮會迅速地湧上來，我們也非常興奮，因為我們在這個領域裏面，尤其是研究科技教育、網上學習上面已經經營了相當長的時間，所以相當渴求一個好的資源，回到台灣後，我們決定大力推展這個Hour of Code（HOC）的活動。

二〇一四年底，Hour of Code在Indiegogo（一個募資平台）上募款，結果得到超過了五百萬美金的募款，他們破了募資金額超過二百萬的紀錄，進入了募資排行榜。更重要的是，他們是唯一一個非硬體公司的募資公司進入排行榜，因為贊助硬體公司，投資人到最後還可以得到一個硬體做回報，但是投資給Hour of Code是一種無私的行為，投資人幫助的是下一代。他們幫助孩子，讓他們學程式設計，幫助老師接受教師訓練，進而再幫助更多的學生。

Code.org在二〇一三年十一月發起的 Hour of Code（一小時學電腦程式）公益活動，原本計畫是在一週內預估美國全國有一百萬個中小學生參與的科技週活動，沒想到演變成一項馬拉松式的，全球性的學習熱潮，截至目前，全球已經有超過二億六千五百三十九萬七千三百四十一位學生曾參與Hour of Code 課程，而且大多數是中小學生呢，這真是一件非常棒的事。

Hour of Code已是一項成功的草根運動，希望在台灣有更多的人體認到程式與科技教育關係到下一代與國家前途，大家能將它成為全民的活動。

程式語言愈早學愈好

一位在法國的電腦系教授，二〇一四年發表一篇極為重要的論文，他以十多年對不同年齡的學生實驗教學的經驗，得到的結論是，在小朋友學習讀書、寫字前就可以學習電腦，而且他認為演算法及計算式的思考方式愈早學愈好。今天全世界就有許多中小學生從小開始學習程式設計。

免費視訊軟體Skype的創始人來自愛沙尼亞（Estonia），這個東歐的小小國家面積比台灣稍大，但人口只有台灣的百分之五點六。照理說愛沙尼亞應非台灣的對手，但是他們非常重視高科技教育，二〇一二年開始，愛沙尼亞小學生由一年級就得學程式語言。不只他們，英國也急起直追，二〇一三年馬上宣布要進行科技教育的革命，英國兒童由五歲開始就要學習電腦程式，每個學生在滿十六歲前都要有兩種電腦程式語言的能力。

Hour of Code的風潮已吹到全世界，不只是小孩子，連老年人也在學。美國麻省理工學院的一位教授，也就是很多小學五、六年級同學玩的電腦程式Scratch的計畫主持人Mitch Resnick提到，他在九十幾歲媽媽的生日時送了她很多世界各地的小朋友利用Scratch製作的生日卡，沒想到媽媽超級開心，在他生日時，自己親手用Scratch程式語言設計、製作了一張卡片送給他。

很多父母對電腦程式的印象恐怕還停留在一行又一行難以親近的程式語言。事實上像Scratch以drag and drop（抓與丟）的方式，加上吸引人的視覺圖像、遊戲、音效的娛樂效果的程式語言還不少，大多是免費軟體，而且非常容易上手，任何人都可以學。這是 Hour of Code 最常用到的教學工具。

學程式給孩子Superpower（超能力）

有一位二十來歲的非洲裔美國女孩Lyndsey Scott，白天是個走伸展台的超級名模，晚上則搖身一變成為電腦程式設計工程師，她製作App幫助烏干達學生尋求經濟資助及精神導師，讓窮學生也有機會翻身成為領導人或創業家。

Paypal的創辦人Elon Musk是個億萬富翁，更是個超級創業家，他十二歲時以電腦程式製作的遊戲替他賺了第一筆錢，這雖然是三十多年前的事，但是寫程式讓他有比別人更強的能力，也開拓了他日後成為創業家的本錢。

我的三個孩子安廬、安祺、安心都是由五、六歲就開始學電腦軟硬體，他們先是拆裝家裡的電腦，之後到朋友家、到學校幫忙，有許多組裝及寫程式的經驗。他們在二〇〇二年成立「世界兒童組織基金會」的第一樁事，就是架構基金會的網站，他們接著又製作了一個幫助世界兒童學習英語的網站。

電腦能力給了他們許多機會，安盧在九歲時得以進入華盛頓大學的實驗室當實習生，其中一個原因，就是因為教授看到他的程式語言能力比一般大學生都強。安祺十四歲時在史丹佛大學一位醫學院教授工作室幫忙，將數千年前的埃及木乃伊經由醫院做的數萬張全身切片圖，用3D軟體組合成醫學院的教學材料。安心也是從小寫程式，他十歲時在加州的遊戲公司當測試工程人員（game tester），經常參與工程師、設計師的會議，提供他們從使用者端在技術上的意見。

Hour of Code的資源

Code.org這個網站有許多Hour of Code的資源，這些資源來自於Hour of Code的合作夥伴，都是非常值得小孩和大人一一學習的寶藏。這些Hour of Code的材料適合各種年齡層的孩子。

第一、幼稚園、小學的Hour of Code

幼稚園到小學的孩子可以學麻省理工學院教授研發的ScratchJr（四至六歲）或Scratch（七歲以上），這幾乎是最多孩子學習程式的入門工具，孩子可以創造自己的故事，發明自己的互動遊戲，也可以根據Cartoon Network的We Bare Bears! 做捉迷藏的遊戲。

還不識字的小朋友也可以玩Hour of Code。Code Spark做的The Foos是個完全沒有文字的猜謎遊戲，小朋友可以創作自己的遊戲，和朋友家人分享。

另一個適合五歲以上孩子的是Monster Coding做的Mystery Island Coding Quest（神秘島的程式探險），在這個遊戲裏，小孩子可以由動畫及聲音指引，學到函數（Functions）、布林值（Boolean Values）、迴路（Loop）、陣列（Arrays）、IF/ELSE等基本程式概念。

AllCanCode的RunMarco! 是個旅行全世界的冒險遊戲，適合五歲以上兒童，小朋友跟著故事的主角Marco到處去探險，一次次晉級。在遊戲中，他們不知不覺的學了排序（Sequencing）、反覆（Iteration）及條件（Condition）等程式概念。

CodeMonkey做的遊戲，適合八歲以上的孩子，主角是一隻可愛的猴子，小朋友直接進入遊戲中，一關一關的過，如果有不懂或弄錯的地方，完全不用擔心，CodeMonkey會馬上給你提示。他們的標語也很有趣：寫程式，接香蕉，拯救世界。

另一個五至十三歲的小朋友都可以玩的遊戲是Tynker做的，叫做「創造自己的遊戲」，這是一個Scavenger Hunt的遊戲，小朋友可以創造Hot Wheels車，設計怎麼抵抗來襲的Goblins，以及和怪獸作戰。小朋友可以學到電腦程式的概念及計算機思考方式。

第二、國中生的Hour of Code

Khan Academy學JavaScript（JS）的課程非常紮實而且精簡。直接就教用程式畫各種形狀的圖形，再用程式選顏色，在圖形上上色，最後再以一個Project結尾。CodeCombat則用和Ogres的戰鬥遊戲來學Python或者JS。Code Avengers教你用JS來創作自己的遊戲。

第三、高中生的Hour of Code

國中生所學的內容也適合高中生入門，除此之外，CodeHS做的Learn Code with Karel the Dog，藉由對狗下指令來對電腦下命令，適合沒學過程式設計的高中生。

還有，Codecademy的網站是許多人學JS的地方，高中生可以在一個小時之內在這裏學到基本的JS，其中包括他們給的小考、投影片，以及結束前給的一個JS的Project。

另外，MakeSchool製作了一個讓高中生用蘋果電腦最新的程式語言Swift開發iPhone遊戲的工具，可以直接在瀏覽器內做出iPhone遊戲。

第四、不插電（Unplug）

不插電就是不使用電腦的意思。對，不用電腦也可以學習寫程式——用紙和筆。

不插電適合所有年齡層的人，尤其適合親子共學。我在本書第八章提出了一個我們設計的換球遊戲，這是一個學程式演算法（Algorithm）概念的遊戲，用紙和筆就可以完成，老師可以根據我們的教案（Lesson Plan）來上Hour of Code。

在Code.org的網站內，ThinkSmith的My Robotic Friends、Conditionals with Cards、Binary Baubles都是我們曾經在Hour of Code的活動裏用過的教材，每一次來參加的家庭都玩得很愉快，大人和小孩都學到一些以前不知道的東西，感受到電腦程式到底是怎麼一回事。

第五、在手機或平板上的Hour of Code

不是只有電腦才能學程式，在手機或平板上也可以做Hour of Code。Lightbot是一個我們常用來教學的工具，它可以在電腦上，也可以在蘋果的手機或平板上玩。Kodable在iPad上玩，Box Island以及Tynker在Android或iOS皆能玩，剛才提過的The Foos除了Android、iOS外，也可以直接在瀏覽器上執行。

第六、電影或遊戲的Hour of Code

〈星際大戰〉、電影〈冰雪奇緣〉（Frozen）裏的安娜（Anna）及艾莎（Elsa），以及人盡皆知的〈當個創世神〉（Minecraft）都有Hour of Code的遊戲放在網上。利用孩子熟悉的角色來學程式，可能讓他們更有動機，學起來也更帶勁，不失為一個好方法。

第七、其他個別網站的Hour of Code

Code.org推動了Hour of Code，它的網站上也搜集了許多Hour of Code的資源，以上我們提到的Hour of Code的訊息，都可以在Code.org裏找到。但是除了Code.org之外，有許多公司也在開發自己的Hour of Code工具，其中包括Raspberry Pi的Hour of Code，是軟硬體結合來學Hour of Code，Google自己也在進行Hour of Code，專長數學的Wolfram基金會也有自己的Hour of Code。

另外，許多熱心的老師也把他們自己寫的Hour of Code教案放在網上，供人自行下載使用。所以，總結來說，只要花一點功夫研究，父母在家也可以和小孩子玩Hour of Code，任何老師也可以和全班同學一起學Hour of Code，讓我們一起來推動Hour of Code的活動，讓每一個大小朋友，都有機會自己體會一下，程式設計是怎麼一回事，是不是像別人說的那樣，真的很有趣。

一小時學電腦程式

整個Hour of Code的活動，其宗旨和目的只是要讓孩子有機會跨出第一步，達到親炙程式設計的機會。可以說是引起他們興趣的一個開端而已，程式設計的能力需要長久的培養，只是學一個小時當然不夠。在Code.org裏有一個單元叫做Beyond Hour of Code（一小時程式設計之外），談的是接下來學什麼，怎麼學。

參加Hour of Code之後，有以下幾個繼續學習程式設計的管道：

第一、Code.org網站

基本上，以上提到Hour of Code的內容都不是一個小時就可以學完的，有些教學是一整個課程的內容，所以參加完Hour of Code之後，學生可以繼續自學或在老師、家長指導下，跟著進度學下去。

第二、Khan Academy

Khan Academy有豐富的學習資源，而且幾乎什麼科目都有。在Computing的項目下，它有Computer Programming（電腦程式）、Computer Science（電腦科學）、Hour of Code

（一小時學程式設計）、Computer Animation（電腦動畫）。

在電腦程式課程裏，它有JS簡介、HTML/CSS簡介、SQL簡介、高階JS：Natural Simulations、高階TS：Natural Simulations、互動式網頁設計，還有用jQuery做互動式網頁設計。國、高中生在參加完Hour of Code之後，有自學能力的人可以循著Khan Academy的編排，把這些課程學過，基本上對HTML、jQuery、JS就會頗有些概念。

第三、學網頁製作的資源

非營利機構Mozilla的Thimble可以用來學HTML/CSS及JavaScript，W3schools.com則除了基本的HTML/CSS外，可以學到伺服器（Server）端的SQL、PHP、ASP以及XML、AJAX等。

第四、學控制機器人的程式

學寫程式的目的就是要做東西，做出來的東西可能是一個App，可能是某種應用軟體，也有可能是控制硬體的軟體。最普通的硬體是機器人，機器人只要沒有軟體，那是連動都動不了的。Tickle Labs的Tickle可以用來控制機器人、智慧屋、無人飛機，以及Arduino。另外，Sphero的SPRK、Dash & Dot機器人、LEGO的Mindstorm、Ozobot、Finch、Arduino with Sparkfun，以及KinderLab Robotics的KIBO等，都是可以學機器人控制軟體的好對象。

第五、MOOC的課程

MOOC是Massive Open Online Courses的縮寫，指的是大學提供的線上課程，大部分是免費的，任何人都可以上網註冊學習。高中生接續Hour of Code之後可以學習的有：edX提供的哈佛大學CS50課程、Coursera提供的史丹佛大學CS101課程、Udacity的CS101。這些課程適合大學生，但程度好、企圖心強的高中生絕對可以試著挑戰看看。

第六、EDUx面對面的程式設計課程

以上提到的，都是上網自學的資源，可能對年紀較小的小孩，並不見得很合適。EDUx的程式設計課程的課綱和上課的內容，都是我們多年研究累積的資源，經過實驗和多次教學經驗之後，慢慢完成的。

我們也不是只有一套一成不變的內容，程式設計的學習，每個人的差異性非常大。這

就是為什麼我們必須給每一個學生個別化的課程菜單（Individualized Curriculum），每個人按照自己的能力、性向、目標和速度去學習，這是和齊頭平等並進的傳統教學法最大的不同。關於EDUx School特別根據徐式教育法（Hsu Method）發展出來的教學理念，請參考本套書第二本：《未來最好的學校：新世代全才教育與創業訓練》，裏面有詳細的說明。

CHAPTER 5

EDUx在台灣推動Hour of Code

EDUx將Hour of Code的程式運動，在二〇一四年一月帶到台灣。我們先由台北市大安區的金華國小開始，全校一千二百一十一位學生都參與了Hour of Code的活動，學生對於這樣的課程方式都十分感興趣，金華國小瞿德淵校長在親身參與課程後表示，「學生利用簡單的程式便能自己設計遊戲，從中充分獲得成就感，享受自主學習的樂趣，同時也能培養他們的邏輯思考、空間概念、問題解決的能力。」

接著我們更不遺餘力的推廣Hour of Code活動，我們寄電子郵件到許多的小學、中學、高中，也從台北開始，陸續打電話到不同的小學，尤其是偏鄉的學校，告訴他們這個活動對孩子的重要性。我們希望所有的中小學所有的小朋友都能參與這個遊戲式的程式學習，從這裏出發，進而成為一個科技的創造者，而不只是消費者。

愛沙尼亞從二〇一二年就已經開始起步，從五歲就開始讓小孩子受程式教育；二〇一三年時，英國把程式教育視為一個寧靜革命，花了大把大把的經費，準備訓練老師，將整個科技的訓練課綱都置入到學校、地方性俱樂部，許多的程式設計學校也如雨後春筍般冒出來。

這些國家的積極我們感到讓台灣小孩學程式的急迫性。我們去任何找我們去教Hour of Code的地方，由小學、中學、高中、公立學校、私立學校，到社區中心、教會團體，由北部到南部，由西部到東部，除了訓練學生之外，我們還訓練老師，甚至訓練校長。我們第一個階段的任務是讓大家都知道學習程式設計的重要。

學電腦程式語言是最輕而易舉的投資

究竟小孩為什麼要學電腦程式語言？學校裏的資訊老師會告訴學生，學習電腦程式設計可以學到邏輯概念。但是更深入的說，學習寫程式可以讓學生學到迴路式思考、架構式思考、抽象式思考、直覺式、猜想式思考、重複式思考，還有空間的概念及團隊合作的訓練。這些「計算式的思考方式」（Computational Thinking）不容易在其他學科或訓練裏學到，而且這種能力的應用範圍很廣泛，可以解決高科技的問題，更能應用在解決社會問題上。

Hour of Code活動之後，有些校長、家長問：「那麼之後該怎麼繼續學呢？」我們很努力的幫助學校在校內成立課後社團，讓學生能夠繼續學習，但是台灣學生的時間已經充斥了太多的學習，沒辦法再分割出時間，老師也非常忙碌，加上志工不足，所以課後程式俱樂部的輔導變得相當困難。

我們也看到師資嚴重的缺乏，以及學習內容的貧瘠，譬如說視覺化程式設計教學完之後，接下來要學的一些程式語言教材，都非常欠缺。於是我們開始戮力編寫教材及大綱，並且訓練老師。我們找的老師都是新創公司的創業者、自學有成的駭客或是工程師，我們開始小班制教學，這讓我們有了很多機會去實際研究、了解台灣每個學生不同的學習方式及特別的問題，也讓我們研究出適合台灣學生最有效率的教學法。

我們希望可以透過Hour of Code這樣的活動，形成一個全民運動，讓台灣的教育當局、父母親、學生，都能夠認識學習程式設計的重要性，並且明白電腦科技絕不是學習的阻力、也不是造成孩子沉迷玩樂的禍首，而是在未來社會中，和世界接軌最重要的橋梁和工具。我們希望帶給社會新的觀念，讓程式教育成為未來每位學生的基本素養，和國文、英文、數學一樣是教育制度中的必修科目。

如果如前紐約市長彭博（Michael Bloomberg）在百忙之中都能努力學習對他似乎毫無用處的程式語言，如果MIT教授Mitch Resnick（Scratch電腦語言的創始人）九十幾歲的母親也都興致勃勃的在學習電腦程式語言，那麼台灣由小孩到中老年人，也都應該身體力行，一方面當作是一種腦力訓練，更重要的是示範給小孩、學生看：「我們都能學，你們當然可以學得更好。」這是台灣競爭力升級的關鍵，我們沒有本錢不去重視學習電腦程式的教育。

別人上火星，發展無人駕駛的汽車，從事昂貴的高風險科技投資，這些可能我們一下子做不到，但是像學習計算式的思考（Computational Thinking），學習電腦程式語言，對台灣來說，這是最適合不過、最輕而易舉的教育投資，只要教育當局腦袋轉個彎，台灣的前途就能向上提昇，這個契機不往前，我們就真的是遠落人後了。

EDUx希望在大家共同的努力下，能夠早日推動起台灣電腦程式教育的風氣，讓台灣由科技的消費者，升級為科技的製造者；讓台灣由科技的代工者，變身為無煙囪、無汙染的軟體科技製造與創新之島。

Hour of Code心得

從這麼多場次的Hour of Code活動裏，我們獲得許多寶貴的經驗和心得，這些經驗對於學生未來科技的學習，會是一些值得注意的重點，讓我在這裏和大家分享。

第一、大家都要一起來學

「視覺程式設計」幾乎對所有人都是一項新的體驗，即使是電腦資訊科系的大學畢業生，可能也沒有機會接觸過Scratch或Lightbot等工具，父母更是沒碰過。這其實是一種很新鮮的狀況，這裏面沒有人是專家，老師和家長學起視覺程式會覺得非常簡單，可以現學現賣，馬上一面學，一面教小孩。

我們在社區書店或咖啡店做過多次活動，看到爸媽和孩子一起看著電腦螢幕，一面討論，有時是父母在教小孩，有時也看到小孩在教父母，這真是很感人的畫面，學習就該如此。

另一方面，這種情況也讓孩子知道，父母和老師不見得也不需要什麼都會，有時候小孩跑得比大人快，這是一個可以接受、而且大家也應該要接受的狀況。所以父母、老師不需要覺得比小孩慢，或者要請教小孩是一件難堪或尷尬的事。

我們看到許多大人或長官就是對學習興致不大，看一看就可以發表意見，用嘴巴不用學就可以說得頭頭是道，這是自古以來官大學問大的積習。可是在科技學習裏，大家都是平等的，我建議特別是成年人，應該要收起矜持或怕露出馬腳的心態，下來和小孩一起玩科技。這樣，在制定科技學習綱領時，你會比較知道自己在做什麼。

第二、程式學習就是自我學習（Self-Learn）

一小時學程式官網上的資源非常豐富，而且愈來愈多。我們在「一小時學程式」時，要求老師盡量縮短講解的時間，我們不要學生養成被餵的習慣。我們的老師會在簡短的介紹之後，就讓小孩開始去探索，他們通常都進行得很快，這和視覺程式設計的工具也有關，通常這些設計都很具有直覺性（intuition）和邏輯性（logic），所以孩子可以在簡單介紹之後，立刻不廢話進入主題。

這和小孩子玩電玩遊戲有點像，電玩的遊戲設計或流程設計常很直覺，玩家不須慢慢從研究厚厚的使用指南或使用手冊開始，直接跳進去就可以玩將起來。我們訓練的老師了解這層道理，他們在學生往前衝的時候會讓到一邊，不會擋在中間，變成學生學習的攔路豬（這種教學者變成阻礙學習者的情形其實常見）。在學生有疑惑時，他們會在旁邊說明或支持。

第三、給學生自由發揮的空間

學校的電腦教室其實是學電腦最不好的地方，為什麼這麼說？在電腦教室裏，所有的電腦都是中央控制的，也就是說，老師可以控制小孩座位上電腦螢幕出現的內容，這樣老師教一步，學生學一步。電腦教室設計的邏輯就是填鴨式教學的那一套。

這種傳統式的教學方式不只是在學校，許多教電腦的場所都是這種設計。這就像拿著關刀上戰場殺敵一般，一群人衝到戰場上才發現根本空無一人，原來這已經是個電子戰的時代，一顆飛彈就結束了戰爭。

學生應該用自己的電腦，按自己學習的速度來學，這也是我們個人化學習理念的實踐，老師千萬不要再帶著學生走，一個口令，一個動作，給學生許多限制，不能這樣，也不能那樣，大家要一起走，這些都是違反大腦教學原理的，然而到處都還是用這樣的方式在學習。

我要說，不要再用老方式來學任何東西了，數學、英文、物理、化學、寫作、繪畫、音樂……，沒有一個科目應該這麼學，學電腦程式、學科技，更不能這麼學。

第四、學習應該是有趣的

學習應該是充滿熱情，要不然為什麼要學？學習本來就是一件好玩的事，因為人本能就具有強烈的好奇心，好奇心的驅動下，人會想知道一些問題的答案，在追求答案的過程中，樂趣就在其中，這就是學習的熱情。

學習會變得無趣，那是學校，老師，家長把學習套上許多的枷鎖，弄得好奇，找答案，問為什麼的初衷全變得無影無蹤。從Hour of Code的學習裏，我們示範了學習原貌應該是什麼樣，學生興奮、多話、討論，甚至皺眉、拍桌子都是熱情的表現，學習本來就是玩耍，讓他們好好去學吧。

第五、我們應該要重視程式設計教育

程式設計不能只是一個聊備一格的選修科目，不能成為「你看，我們也有」淺碟文化的裝飾品。程式設計應該要和數學、英文等科目放在一起，不只是主科，而且是重要的主科。原因很簡單，它是未來科技世界裏最主要、最核心的工具，沒有程式設計，沒有軟體開發，幾乎所有東西都得停擺。我說的所有東西指的是整個現代的社會，整個人類的文明。

但是目前，學校裏也不是沒有資訊電腦科目，但電腦課程教的是怎麼使用電腦、教Word、Excel等應用軟體。父母不是沒聽過，就是把電腦程式和畫畫、下棋等才藝課程擺在一起，寒暑假讓小孩體驗一下，就算是有學過。

我們曾經到學校去辦Hour of Code，學生非常有興趣，問學校的老師能不能天天上這個，老師的回答很有趣，他說，「哪有天天過年的。」我們聽過家長說，要送小孩學揚琴、下圍棋、學繪畫、讀經書、補國文、學作文、跳芭蕾、上安親班，學程式設計是這些眾多選項其中之一，而且是常被排擠掉的一項。對我來說，這是令人匪夷所思的想法，並不是我反對學才藝，而是這些項目根本不應該和程式設計相提並論，家長應該先顧好孩子的未來，才有考慮其他項目的空間。

未來的人可以分成兩種：一種是會寫程式的人，另一種則是不會寫程式的人。不會寫程式的人在生活上、工作上都會居於相當的劣勢。學過或會一點程式的人，並不能屬於會寫程式的一群，長期、認真的學程式，能用程式技術寫出有用的東西才叫做會寫程式。

所以，不要再把程式設計當成才藝或有興趣再來學習的項目，也不要因為程式設計不是升學考試的項目而不重視它。把程式設計看成現代人工作或生活必備的技能，會是比較實際而接近事實的觀念。

讓我們改變世人對台灣模糊的概念，讓軟體開發成為台灣新的品牌（Brand）。

第六、光學程式設計是不夠的

程式設計只是一項工具，如果我們只談怎麼使用一項工具，那只談了樹，還看不到林。打個比方來說，我們買了一台吸塵器，它功能很強，使用上也不那麼容易，必須好好閱讀一下使用手冊，才能知道怎麼適當使用它。知道怎麼使用這個工具，只是第一步而已。我們必須拿吸塵器來工作，把房子裏裏外外吸乾淨，這台吸塵器才算發揮了它的作用。

同樣的，學了程式設計，只是有了技術，要拿這項技術來完成什麼一項有用的Project，才真正發揮了技術的作用。決定要做什麼Project，用程式設計來解決什麼問題，我們就必須要學習科技的趨勢，了解社會上有什麼問題，可以創造什麼科技來解決這個問題。這比單純學程式設計要複雜很多，但如果不去學了解我們生存的世界，了解科技，那只能稱是個空有技術的武夫，是成不了事的。必須從小學習了解人類社會的運作，認識科技在社會中的角色和任務，才會真正體會到怎麼使用程設計的技術。

第七、程式設計是創意訓練

普遍來說，亞州各國的教育都有創意不足的問題，原因是填鴨及升學為主的教育領導下產生的找標準答案的慣性，學生變得懶於思考，大量的反覆練習之下，也沒有時間思考。這樣的教育，怎麼可能教出有創造力、有獨特想法的人來？

視覺程式設計是一種創意的訓練，每一個人可以自由發揮他要創造一個什麼故事，什麼人物，他又要如何裝扮他的角色。這裏面沒有標準答案，你怎麼設計都對，挑戰在於別人是否喜歡。

這就像一個電影的編劇編了一個腳本，他的挑戰在於消費者的肯定。當然，你也可以不顧他人是否認可，你愛怎麼做就怎麼做，沒有人管得了。像這樣的學習機會是很稀有、很珍貴的，在學校的體制裏，除了藝術創作和寫作之外，根本沒有這樣的學習。

但是我們就是有辦法把繪畫、作文搞得非常制式僵化，將來程式設計變成一個學科，就會有些笨蛋把它弄得和繪畫、作文一樣，可以拿尺量，打分數。事實上，我看到有些人教程式已經這麼做了，這些人是這麼被教出來的，所以他只知道這麼教。但是程式設計是一門很特殊的學問，它既精細有邏輯，說一不二，馬虎不得，這一方面像數學、工程，但另一方面它又像藝術，需要天份和創意。兩個程式工程師做同一件事，寫出來的程式可能完全不同；就像兩個不同的廚師，煮出來的義大利麵硬是不會一樣。學程式設計，一定要找到能幫助他發揮創造力的學習環境。

第八、小孩學程式設計的反應

我們由小孩學程式設計的反應裏，體會到程式設計即使毫無實際用途，光是帶給小孩完全不同的學習經驗，它已經是一件很奇妙的事了。

小孩子會說，「我們可以每天學這個嗎？」、「學東西可不可以都像這樣，一面玩一面學？」你看到他們全神貫注的神情，平常有過動傾向的小孩學程式的時候，變得非常專注。他們會自動的互相討論，互相幫忙，這就是我們在推動的同儕學習（Peer-to-Peer Learning）的體現。

你發現他們情緒高昂，勇於接受挑戰。平常對學校課業覺得無聊的學生，在程式學習裏看到了曙光，他們原來覺得和生活無關的數學和語文（中文及英文），在設計程式時都派上用場。

程式裏的座標（Sprite的移動以座標來定義），放大、縮小都需要計算，這要用到數學。他創作的遊戲需要有故事，創造的人物互動要有對白，他需要能說出他的想法和作法，這要用到中文或英文。

這種應用反過來會幫助他，在回到學校學數學和語文時，產生一種不同的態度和體會，程式學習肯定可以幫助他其他科目的學習。

另外，他們在視覺程式的學習會用到他們熟悉的人物角色，如〈冰雪奇緣〉電影中的艾莎和安娜，這也會增加他們的興趣，加深他們的學習效果。最後，他們從學習視覺程式設計裏產生對自己的自信，在過關斬將的過程中，發現自己的Power（力量），也找到學習的目的。把這樣的態度帶到其他科目的學習，這就是學程式帶給他的威力。

第九、對小孩學程式的建議

1. 我們教過很多的小孩，發現最大的通病是「被動」。多數小孩在學校裏養成被餵食

的習慣，只要老師沒有告訴他要做什麼，他就會不知道要做什麼。我們首先要改變的就是這種錯誤的觀念。我們要把學習的自主權交回小孩手中，他們必須要認知到學習是他的責任，老師的責任是協助，是幫忙解決問題。

我們希望老師的角色不是積極的教學，而是從旁激發學生自主學習的意願和能力。其實這就是許多人耳熟能詳的「翻轉學習」（Flipped Learning）的基本理念。我們了解在台灣，學生自我學習很難一蹴可及，一步到位。但是唯有自我動機的學習，學來的東西才是自己的，學生一旦學會了掌握學習的所有權，學什麼都會變得容易，這就是不僅給他水喝，而且教他怎麼找水喝的教學法。

2. **讓孩子知道學程式設計可以給自己自由**（Freedom）。自由的意思是不必仰賴他人，自己有技術，有程式設計的技術，可以做出任何想做的產品。自由同時也表示不一定要受限於某個工作，如果有足夠的能力，就能夠自由地選擇自己想做什麼。許多人對工作不滿意，這個不會，那個也不會，能做的工作不但初級，也沒有太多轉變的空間。學程式給自己某種程度的自由，能力愈大的人就愈有自主的能力。

3. **程式設計讓自己具威力**。程式設計的能力可以改變許多事物處理的方式和流程，這就是威力的來源。所以我們說程式設計的能力可以改變世界，Facebook、Twitter、Uber、Airbnb、Line、Snapchat、Amazon，這些都是隨手捻來，程式及軟體改變世界的例子。

知道程式能力有這麼大的威力，會增加小孩學程式的動機和積極性，這就是為什麼我們的課程並非只是教程式，而是指點他們未來可能的方向。

第十、不能再蹉跎了

二〇一三年年底Hour of Code由美國的非營利機構Code.org發起，其實時機已經不早。許多國家起步更早，尤其是以色列，而愛沙尼亞、英國、紐西蘭、印度、希臘、南韓都早已起步。

我們知道，這項由美國開始，全球即時跟進的一項科技活動，將會是一項全球風起雲湧的活動，所以在二〇一三年底同時，我們把Hour of Code的活動帶到台灣；我們在二〇一四年一月初，就開始去函各級學校，各縣市的教育局等單位，告訴他們這個全球性的科技運動，以下是信的內容：

> 現在回到台灣，我們很誠懇的希望回饋給這個我們成長的社會。我們在美國創辦的

基金會EDUx提倡以大腦與科技及科學為基礎的新式教育，我們的目標是培育有創造力，有能力解決將來社會所面對問題的未來領袖。

EDUx於二〇一二年在台北，由國家教育研究院協辦，並與教育部創意人才培育中程計畫合辦「國際創新教育論壇——翻轉吧，教育！」。

今年EDUx的任務是提供（各校）中小學學生一個小時的免費電腦程式課程，目的是為了將電腦科技教育在小學生中生根。這是一個美國在去年底有二千萬個學生參加，叫做「Hour of Code」（一小時學電腦程式）的活動。

包括美國Obama總統在內的政治、企業領袖都全力推動電腦程式的教育（請參考http://code.org/quotes 裏各行業菁英的證言），國家政策也極力推動把電腦的教育列入中小學正式的課程裏，不只是美國，包括英國、歐盟及亞洲的韓國、新加坡等，都已經由政府及各界領袖如火如荼地推動「每一個學生都要學電腦程式語言」的運動。

這是因為各國都已體認到電腦及科技是驅動國家競爭力的首要條件，台灣在這波的趨勢絕不能落後，否則對我們的人才培養及在國際競爭力的競賽中，是十分不利的。我們知道台灣教育當局也正在推動科技的教育，但腳步還是不夠快，我們希望能在此盡一份心力。

希望經由您的推動，促成教育部及相關單位，讓每一個中小學生都能參加、體驗這項「Hour of Code」的活動，培養他們學習電腦程式的興趣與能力。

期盼我們能一起來打造一流的基礎科技教育，培育未來在國際上具優勢的人才，為台灣的永續之路打下一個堅實的基礎，也為我們的下一代，創造一個具競爭力的美好未來。

感謝您對這項重要運動的支持！

可惜官員們無法理解這個改變台灣整個教育及產業結構的契機，無法想像這是台灣向上的重要關鍵。

我們在這樣惡劣的環境之下，仍然沒有放棄為台灣教育盡一份心力的想法。我認為以台灣的幅員和人口，一個學生都不能少，所有的學童——包括最偏遠的偏鄉學童——都應該至少有機會體會一下寫電腦程式是什麼感覺。

我們親自打電話到離新北市最近的原住民偏鄉，好不容易找到校長，說明已經寄去函件的內容之後，他說，「我們再評估看看」，後來就石沉大海，沒了下文。這是偏鄉，因為資訊的隔閡也就罷了。

在天龍國的台北市也好不了太多。就在今年，在我們不氣餒的連繫之下，台北市教育局終於在國外已經有超過一億人次體驗程式設計的學習之後，回函給我們，回函的不是局長，是位教育局資訊教育科的科員，還不是科長，是位助理管理師。他們想了解Hour of Code，想「研商推動程式教育事宜」。

雖然知道只有科長會來談，曼如依然如約準時赴會，到了會議室，助理管理師說他們還在開會，要她等，也沒有再招呼她，曼如就在會議室外罰站了近半個小時（完全沒有地方坐），後來終於會議結束，訪客離去後，曼如被領到會議室中坐下。

坐定之後，又過了近五分鐘，她一人枯坐在裏面，科長前面會議結束就回她辦公室去了，另一位與會者就在開放半矮牆的會議室外他的座位上，把玩一個VR的Cardboard（紙板），助理管理師也不見蹤影，曼如這時候就決定不再忍受，下樓搭車離去。

回到辦公室，她告訴我剛才在Uber上哭了，她問我為什麼要跨半個地球到這裡來受這樣的屈辱，我無言以對，不知道能說什麼安慰她。

我想到馬丁路德、想到甘地、德蕾莎修女、……，他們在推動他們的社會改革中，不知道受了多少羞辱、挫敗、抹黑、甚至被關到黑牢中，我們受到只是粗魯和不尊重的對待，可以說是小事中的小事。但話說回來，我們也沒有要去推翻政府奪人飯碗，或是和既得利益者爭權爭力，我們只是個自認手中握著能夠改變台灣教育鑰匙的一個專家罷了，別人願意聽，願意一起幫忙，我們就去教他們；如果不想聽，我們就不要說。

但是把我們叫去，我們花了寶貴的時間，放下重要的工作去和官員見面，沒想到得到的是這樣不尊重的待遇。我們個人受辱事小，但是千千萬萬的學童，受這種失格教育殘害，影響他們未來的競爭力和幸福，這可不是一件小事。

這件事當然不是單純幾個僱員或科長的問題而已，這些小官的官腔背後呈現的是上面官員的嘴臉和對崇高的教育事業及我們下一代孩子的福祉和國家未來競爭力的蔑視。

這些官員可以來來去去，問題是小孩子的前途就交到這些人的手上，難怪我們的教育是如此，這樣教育出來的人國際競爭力是如此。我們看到不管是比爾蓋茲、Mark Zuckerberg，或美國其他的公益團體，許多的資源資金灌注到非洲去，不管是改善他們的生活或改變他們的教育，非洲因為有太多幫忙，一直在進步當中。

台灣教育出來的人，現在因為自己國家經濟不好，要跑到澳洲等地去打工。難保哪一天台灣的人不會到非洲去打工？這絕不是危言聳聽。前幾天一位朋友來，他說現在很多台灣人到東南亞一個國家打工，問我知不知道是那一個國家。我說，新加坡，他說，錯了。是有很多來台灣工作的外勞國家——菲律賓。我嚇了一跳，他說是真的，……。如果現在台灣人到菲律賓打工討飯吃已經是事實，那麼到印尼、越南，甚至非洲打工討生活，有什麼奇怪的？到了那時，要怪誰呢？

第十一、政府應該做什麼

1. 要想培養許多專業的軟體人才，要由最基層的兒童程式設計做起。愈早開始，學得愈久，能力愈強。這是不變的定律。

中國在桌球、體操、跳水的霸業，關鍵就在從小培養，你有看過哪一個世界級的鋼琴或小提琴家，是長大之後才開始學琴的嗎？不要說長大之後，小學畢業之後才開始學的人未來能夠成名一方的，恐怕已經少之又少了。

程式設計的學習和人才的培養，也是一樣的道理。我們政府已經起步比別人晚了四、五年，這四、五年的差別就是關鍵，期間的差距怕永遠也無法彌補過來。更何況，我們不但起步晚，腳步也不見得快，那與他國的差距只會愈來愈大，這個差別是整個國家的經濟與科技的發展，也就是國力的差別。

所以我們認為政府的態度應該要立刻積極起來，成立專責資訊教育機構，獨立在教育部外，全力培養未來軟體的人才。

2. 政府應投入金錢，大量培養程式設計師資。當然，程式設計必須先成為一門中小學的必修科目，其時數和數學相當。目前的資訊教師人數和資格都不符合未來的需求，必須設計出一套廣泛的師資培養辦法，不只是培養程式設計的教師，而是培養能以程式設計的技術做出產品的老師。

3. 政府負責程式課程的人，必須是了解國外科技發展的年輕人，滿腦子舊思想、不了解科技發展局勢、沒有滿腔服務熱誠和改變世界夢想的人，完全不適合待在這個部門參與工作。

4. 程式教育和軟體工業必須連成一條線。有創意和足夠程式能力的學生要讓他們有許多到新創公司或軟體公司磨練的機會。如果學生有好的創業想法和執行能力，政府應想法協助人才與風險資金的媒合，甚至由政府出資協助創業。

5. 政府應在美國矽谷成立風險資本，籌辦創業加速器（startup accelerator），一面送人才到美國新創公司磨練，一面引進國外的人才，兩邊充分交流，拉近與世界科技重鎮的距離。

二〇一七年開始實施的電腦程式教育已經來得太晚了，至少晚了其他國家五年的時間。但是起步晚是一回事，問題是我們有沒有大步向前、迎頭趕上的計畫或者是企圖心，答案是沒有。

有家長來自新加坡，她說新加坡什麼都沒有，連水都沒有，所以他們向馬來西亞買水，然後用逆滲透的技術過濾之後，再把水賣回去馬國；他們沒有油，所以向國外買油，精煉後再出口。他們什麼都沒有，只好往訓練人才上面下功夫。

政府說要推動工程人才的培育，舉國上下同心協力推動資訊和工程教育，這種一條心的力量是很可怕的。新加坡人才的國際化已經吸引了國際企業前進亞洲的敲門磚，新加坡已是亞洲的金融中心，新加坡人深深以他們的國際化和投資環境為傲，他們努力的成果也證明他們的驕傲是有道理的。

台灣和新加坡的情況類似，缺乏自然資源，人才是決勝的關鍵。我深深相信台灣的前途在於訓練最好的人才，最適合台灣的工業就是無煙囪、無汙染的軟體工業，台灣未來的最好、最有利出路就是把台灣打造成斐聲國際的軟體人才庫，把台灣建設成全球軟體工業之島。讓全世界的人只要提到軟體就聯想到台灣，只要提到台灣軟體人才，就豎起大拇指。這是我的一個夢，我深深相信這是絕對可以辦到的一個夢想。

未來長路靠全民齊心努力

我們在各級學校、在社區書店、在教堂、在小孩常出入的遊樂場、在公益團體、基金會，還有在我們自己的場地，整個台灣，由北到南，舉辦了數不清的Hour of Code（一小時學電腦程式）場次，對象包括幼稚園、小學、國中、高中、大學學生，包括校長、老師、家長，也包括各行業的年輕人，年齡層從最小的四、五歲學齡前兒童到六十歲以上的成人，學歷由幼稚園到碩、博士生及大學教授，總人數達數萬人之多。

直到目前，這裏面所有的資金全部由我們個人挹注，沒有向外界募一毛錢，但因為個人的資源和力量畢竟有限，對於改變整個台灣教育的風氣和方向，只能夠說起了一個開端，未來的路還很長，要克服的難關還非常的多。

德蕾莎修女說過一句話，這是一句我常在碰到困難或心情低落時常拿來鼓勵自己的話。她說，「我自己一人無法改變世界，但我可以往水裏丟一顆石頭，就能激起許多的漣漪。」（I alone cannot change the world, but I can cast a stone across the waters to create many ripples.）

真的要改變世界，必須要大家一起攜手同心協力的努力，如果有人已經激起了漣漪，我呼籲更多的人可以跳進來，趁勢一舉把台灣的教育推向一個國際都能認可讚嘆的高峰，讓我們的孩子都能真正擁有一個美好的未來。現在，我們還在山洞裏，希望這個黑暗只是黎明漸光前的黑暗。是不是真的如此，要靠我們每一個人的認知和不懈的努力。

接下來，在第三部分，我們仔細分析了為什麼每個人——尤其是小孩——都要學習電腦程式設計（Coding 或 Programming），它為什麼重要，學了有什麼好處，它對於其他事物的學習以及增進我們生活的深度和廣度，又有什麼助益。

PART III

為什麼要學電腦程式設計？

CHAPTER 6 你的孩子必須從現在開始學電腦程式的十一個理由

美國各界領袖談為什麼要學電腦程式

「任何人要得到最美好的未來，能做的唯一最棒的事就是學習電腦程式設計。」說這話的是矽谷著名的投資家Marc Andreessen。

微軟公司的前執行長Steve Ballmer也說：「程式設計是全世界唯一最棒的專業」。

臉書的創辦人Mark Zuckerberg由他公司的實際需求出發，他說：「我們在臉書的政策就是盡量僱用有才華的工程師，現在的問題是有訓練、有技術的人根本不夠。」

Google的資深副總裁Susan Wojcicki則談到小孩子——尤其是女孩子——需要學程式設計：「學程式設計讓小孩覺得有威力，有創造力，有自信。如果我們要讓小女孩一直到長大成人都保有這些特質，讓他們從小學電腦程式是很棒的選擇。」

eBay的前執行長，現在是惠普公司執行長的Meg Whitman也談到女孩子學程式：「如果你有個女兒，她應該要去當個工程師。」

臉書的營運長Sheryl Sandberg則說：「認識電腦科學在現代世界愈來愈重要，我們國家的競爭力取決於我們在電腦科學上教育小孩（包括女孩子）的能力。」

談到競爭力，美國前總統柯林頓說：「人們在說『我需要有個好工作。我大學畢業，找不到工作』，就在同時，美國每年有十二萬的電腦專業職缺找不到人。」意思是說，許多人大學畢業找不到工作，但同時有大量電腦專業的工作卻找不到人來做，我們訓練的電腦科學人才是完全不夠的。

史丹佛大學前校長John Hennessy說：「學程式設計令人興奮，刺激又有趣，讓你學會新的思考方式，在很短的時間內，你就可以寫出令你的朋友和家人印象深刻的程式！」他又說，就是學程式做出來的東西讓他吸引到一位女生，那位女生在四十年後還是他至愛的妻子。沒想到學程式設計有這個好處，也有可能發生在你身上喲。

英國維京航空的創辦人Richard Branson說：「不管你是要對抗氣候變遷問題或是要上

太空，所有的事都要由電腦推動，我們沒有足夠的程式設計人才。及早教小孩學電腦程式可以幫助他們學到技術，建立自信，而且讓整個教室充滿『做中學』的能量。」

Twitter的創辦人Dick Costolo也說：「如果你能寫程式，你就可以達到你的夢想。電腦不管你的家庭背景、你的性別，它只管你會不會寫程式。但是我們只在少數學校教程式，為什麼？」

歐巴馬總統在提出他的「所有人都學電腦科學」提案（Computer Science for All Initiative）裏說到，許多工作將被機器取代，這些改變並不是新鮮事，已經在發生了，而且會更加速。他說我們要問自己的是，「在這個新的經濟型態裏，我們要怎麼確定每個人都有成功的機會？」他的答案是「學習電腦科學」，而電腦科學的核心之一就是學習電腦程式設計。

前述這些人不是政府的領導人，就是科技界的領袖，他們都是站在世界潮流先端的人，他們的話當然非常正確而重要，電腦程式設計的學習早已風起雲湧，這不只是一個風潮，一個運動，而是人類未來的方向。

台灣家長對學電腦程式的觀點

可惜的是，在台灣，我們聽到的是令人喪氣、失望的聲音，我們聽到家長的聲音有：

「小孩學程式設計做什麼，太難了，學這個有什麼用！」

「揠苗助長，不需要學這個。」

「女孩子沒必要學程式設計！」

「這個和考試沒關係，我知道很重要，不過上了大學再學也不晚，現在專心念書就好。」

「要學的東西太多了，又多來一樣！」

「已經過度沉溺電腦，再讓他學這個，那就整天盯著電腦，那還得了！」

許多家長沒有察覺科技的海嘯已經衝到陸地上來了，很快會捲走那些沒有準備的人，許多家長還把程式設計和音樂、畫畫、下棋等擺在一起，把它當成是一種才藝課程，認為是可有可無。

即使考慮讓小孩學習的家長，想法也是「讓他試一下，看他有沒有興趣」。問題是，我們送孩子到學校去接受教育，我們從來不會說，讓他試一下數學（英語、國文、物理、化學等等），看他有沒有興趣再說。再不然，就是以補習的心態，找個地方讓小孩去補這一科，免得別人學了，自己的小孩落在人後。

許多國家──其中包括亞洲的新加坡、日、韓、中國大陸等──幾年前已經把程式科技規畫入正式的學習科目，台灣也在二〇一六年五月公布了「二〇一六─二〇二〇資訊總藍圖」，雖然遲了很多年，但是總比空的好。問題是，世界早就變了，電腦科學老早就應該和英、數、理、化等科目平起平坐，但是有權力做決定的人，永遠是慢了好幾拍，這一拍就足以讓我們失去先機，更何況是好幾拍。

就算程式設計成為學校正式的科目，和現在能有多大的差別，還是個很大的問號。真實世界所需要的人才，是硬碰硬的技術，沒有認真的把學習電腦程式設計當一回事，長期浸淫式的學習，是沒有用的。

未來世界的人將會分成兩種人：一種是會寫程式的人，另一種是不會寫程式的人。會寫程式的人可以創造、可以寫出改變人類社會的軟體；不會寫程式的人，如果學會使用會寫的人做的軟體，則可以充當輔助的角色，否則連忙都幫不上，只能在觀眾席看熱鬧。

在未來的舞台上，孩子能扮演什麼角色，就看父母的智慧了。

「家長不能等，也不要等」

Quora是一個網上問問題的網站，有一個正在大學電腦科學系就讀的男生在Quora上提出一個問題，他說他上了電腦系之後，老是覺得自己程度差人一截，一直想要趕上別人，但是覺得非常辛苦。他說他和一些同學聊了一下，才發現有些同學從小就接觸電腦程式設計，功力已經很深厚，他懷疑是不是永遠趕不上人家。

他於是上Quora，寫下他的困惑，想聽聽別人的意見：「電腦語言程式：我要怎麼做，才不會有一種不安全感，覺得自己怎麼都比不上那些從小就開始寫電腦程式的人？」

他說，「我是一個大一新生，現在開始學習網站的開發。我始終對那些從初中或高中就開始學寫程式的人，有一種妒忌心，他們年紀和我差不多，可是可能學電腦已經超過所謂的『一萬個小時』了。」

你可以看到他的無奈及扼腕沒能早點開始的情緒，旁人能回答的也僅止於一些安慰的話或者提供另一個角度的看法罷了。事實上，他真的就是起步晚，將來很難趕上從小學習程式者的功力了。

這是別人活生生的例子，與其像他一樣長大後再來怨嘆，如果小孩還在國小、國中或者高中就讀，為什麼不讓他們現在開始就學寫電腦程式？

最近有位媽媽來找我們，詢問她的女兒現在是小學六年級，學程式會不會起步太晚？我們告訴她，還是小學生，學程式怎麼會太晚？

也在不久之前，有一位家長來問他的小孩才五歲，學程式設計會不會太早？

我們告訴他，美國麻省理工學院的媒體實驗室（Media Lab）發明了一個小學生學寫程式的工具，叫做Scratch。她說她知道，我們說那你知不知道Scratch還有一個版本叫做ScratchJr，她說沒聽過。我們告訴他ScratchJr是設計給五、六歲的小朋友學程式設計的工具，它和Scratch基本的功能相同，但介面更簡單，而且不需要備有閱讀的能力要求，學齡前的小朋友，就算不識字，也可以用ScratchJr來學程式，有這樣的好工具，為什麼不學？

Scratch的發明人是MIT的教授Mitch Resnick，他的母親已經九十幾歲，當然她沒有學過程式設計，現在也開始用Scratch來學程式。事實上，她還不是學程式最老的人，我聽過有位百歲人瑞也在網上開始學程式設計，這沒有什麼奇怪。《紐約時報》報導，一位百歲女性正在準備參加百米賽跑，她是九十五—九十九歲級六十公尺賽跑的世界紀錄保持人（二十九點八六秒），她現在參加的每一個項目都會成為新的世界紀錄。和她相比，學點電腦程式實在不算什麼。

結論是，我們說五歲的小孩開始學不嫌早，國中、高中，甚至大學開始學也不嫌晚，並**不是鄉愿，也不是見風轉舵，而是真心覺得，學程式不會嫌早，也不嫌晚。愈早學的人，將來的發展會比別人實力更強、更深入。**

但是晚一點學的人，有可能永遠趕不上別人，但是與其妄自菲薄，自哀自嘆，不如加倍努力，給自己一些掌聲，讓自己學得更帶勁，比和別人比較更有意義。

電腦程式設計，是一項好處非常多的學習機會。以下我列舉了十一個你的小孩一定要趕快開始學電腦程式的理由，希望能改變許多父母的想法，讓小孩早日擁有電腦程式設計的技能，創造他們不一樣的明天。

一、學電腦程式可以讓你變聰明，智商變高

變聰明和智商變高是不同的兩回事，學電腦程式可以讓小孩不但變聰明，而且智商變高。

學電腦程式和學使用電腦（如電腦的作業系統、軟體的安裝、操作等）是不同的兩件事。使用電腦或手機，會讓你對電腦和手機的使用更熟悉、操作速度更快，更有效率，但恐怕無法讓你變聰明。

學電腦程式則不然，寫程式就是使用一套特定的語言去和電腦溝通，指揮電腦做你想要它達成的任務，這些任務有許多是人無法做到的，比如說做複雜、重複、冗長的數字計算就是一個例子。

在和電腦透過程式語言溝通的過程中，你會碰到無數的困難，因此「解決問題」會是你經常性的工作，不停絞盡腦汁的過程中，有三件事會發生：

1. 你的能力會愈來愈強（因為你有許多練習解決問題的機會）；
2. 你的困難會愈來愈大（因為你的能力愈來愈強，解決問題的胃口也愈來愈大）；
3. 你會愈來愈聰明，因此有能力去解決更大的問題。

同時，你也會在解決問題的過程中，得到許多滿足感和成就感。

學電腦程式的過程牽涉到不停的犯錯，失敗，在除錯、解決路障的過程中，你的Critical Thinking（思考力）、Creativity（創造力）、Algorithmic Ability（演算力）都會大幅精進。

研究結果顯示，**學過電腦程式的學生在不同的認知能力測驗（Cognitive Ability Tests）分數上，比未學過電腦程式的學生高出百分之十六**。研究的論點是，學習電腦程式在認知能力上的幫助超過了電腦程式本身的知識，學生得到的益處是高智力測驗成就，有助於學科學習及生活中其他層面。

在我們的定義裏，電腦程式的學習是我們整個腦力訓練計畫裏的一部分。德州大學的腦神經專家研究結論：從事新奇具挑戰性的腦力活動，比如學習一種新的語言或一種新的電腦程式語言，可以活化任何人（不只是小孩子）的腦細胞，讓學習者不但保住已有的腦細胞（不用的腦細胞會自動死亡），而且能增生新的腦細胞。腦細胞越多，中間的聯繫網路愈綿密，愈暢通無阻，這個人就愈聰明。

學電腦程式會讓人變聰明，智商變高，這是殆無疑義、不必爭論的事。做父母的人，除了要讓小孩子趕快開始學之外，也應該鼓起勇氣，自己也來學。你會發現，這會是一段美妙的智力探索的愉快經驗，同時也可以和小孩有更好的互動機會。

二、學電腦程式可以讓你成為一個更好的溝通者

我們看到有一些政治人物或領導人，常常執行一些政策，原本有好的立意，符合公眾利益的出發點，結果卻常常弄得大家怨聲載道，一片美意變成一意孤行，這是哪裏出了問題？

通常是溝通出了問題。溝通不好，讓人感受不到好意、善意，剩下的是揮不去的怨氣。不願溝通，不知道怎麼溝通，不願說服，更不知道要怎麼說服，直接造成一個國家、一個社會、一個家庭，甚至一個只有兩個人的小團體的嚴重失能，甚至分崩離析。溝通的能力有多重要由此可知。

為什麼會這樣？至少我們知道學校根本沒有教怎麼溝通，學生接受了十六年或更久的學校教育，出了校門不知道怎麼溝通，一般人如此，社會的領導階層也不例外。

如果天底下有一種溝通的訓練，學習者專門學怎麼和天底下最笨的人溝通，如果那樣能溝通的了，那麼和具備一般智力及教育程度的人溝通就更不會有問題。那該有多好？

答案是有的，學習電腦程式就是學和天底下最笨的人溝通的活動，那個最笨的還稱不上人，就叫電腦。

電腦不是能從事很複雜的計算嗎？不說它聰明絕頂就算了，怎麼能說它笨呢？對，電腦能做很複雜、很困難的運作，那是因為指揮電腦的人聰明，電腦本身可是一點都不聰明。

什麼「意在言外」，什麼「弦外之音」，什麼 read between the lines（讀出字裏行間的含意），什麼暗示、明示，對它來說都是毫無意義，白忙一場。它需要非常明確，百分之百不含糊（Unambiguous）的指令，一個命令、一個動作去告訴它。只要指揮稍有含糊，它就聽不懂，它就直接罷工，動也不動。要不然就是做出令人不解的舉動。

如果發生了這些事，你就得一步步地去檢視你給電腦的指令，看看到底是哪個環節出了問題，這個過程叫做「除錯」（Debugging）。經過除錯，你就能發現其實錯在你，電腦就像顧客一樣，永遠也不會錯。經過長久的訓練，你漸漸學會和電腦溝通，學會更嚴謹，學會一步一步來，學會組織思路，學會哪些話該先說，哪些事先做，學會分析，學會邏輯，學會講理。還有比電腦程式更好的學習溝通的方式嗎？

要和這樣的蠢蛋溝通，需要有很大的耐性和很特別的溝通訓練。一旦能和電腦以它聽得懂的程式語言溝通，那麼和聰明的人類溝通就能暢行無阻。所以說學習電腦程式是絕佳的溝通訓練，是學習成為一個好的溝通者的第一步。

三、由Learn to Code到Code to Learn

學習電腦程式（Learn to Code）只是第一步，接著是使用電腦程式來學習其他的學科（Code to Learn）。

學習電腦程式的過程裏，學習者會學到相關的事物。首先，他們學到包括變數（variables）、迴路、條件等數學及計算式的思考方式（Mathematical & Computational Thinking）。

他們也學到怎麼把複雜的問題切割成容易解決的一小塊一小塊的小任務（tasks），怎麼解決問題，這麼一步步的除錯（debug），怎麼設計projects，怎麼重新整理思路，怎麼處理互動情節，怎麼說故事，怎麼和隊友溝通；這些都完完全全超越了一般人以為電腦程式就是一堆冰冷的程式語法和規則堆砌起來的指令罷了。

舉MIT發展出來的Scratch為例，小孩子學習Scratch的第一個project常常是設計生日卡。上Scratch的社群看看，那裏有全球的兒童上傳、超過好幾百萬項的作品，裏面各形各色的projects橫跨包括美術、音樂、數學、語言、社會科學、歷史、地理、科學各種不同的領域，生動的看到這些學習者利用電腦程式語言，透過所製作的projects，來學習這些科目，而這些科目以前只能經由傳統的教科書及老師課堂傳授的方式來學習，現在則能由多媒體的、互動方式來學，這就是我們提倡的「新的學習法」（New Ways of Learning）的真義。包括互動式的故事或探險、科學的模擬、多媒體的projects、電玩遊戲、美術軟體、各種學習的課程、電子雜誌、告示等琳瑯滿目、各式各樣的作品，好像是一個各路英雄創新的集合場。

有人設計出聖誕老人（Santa）和聖誕老人的麋鹿（Reindeer），每一頭麋鹿都拿著不同的樂器，都在吹奏著聖誕歌曲的一部分。這不就是分辨各種不同樂器的聲音最好的學習法嗎？這，就是Code to Learn（由學習電腦程式來學習其他科目或事物）最好的例子。

四、學電腦程式可以訓練寫作及表達能力

學電腦程式與說故事（Storytelling）兩者之間有什麼共同點嗎？說故事與創作性的寫作（Creative Writing）有三個重要的元素，那就是故事的結構（Structure）、故事裏事件的順序（Sequence），以及用最清晰的表達方式（Clarity of Expression）來敘事。結構、順序、清晰表達這三件事也是寫電腦程式最重要的三件事。

結構鬆散，順序錯亂，敘事含糊的程式寫作，不是完全不可能完成想要電腦去做的工作，但絕對是事倍功半，不優美，令人不忍卒讀的程序。簡單地說，就是一個不好的程式寫作。

如果一個故事敘述的先後順序錯亂，文章的結構鬆散，表達的方式曖晦不明，說故事的人即使口若懸河，滔滔不絕，聽故事的人一定如墜五里雲霧之中，不知所云為何。電腦程式的寫作也是相同的道理，如果指令先後錯誤，思路不清晰，結構疊床架屋，不但程式無效率，跑到最後可能還是無法解決問題。

因此好的電腦程式的學習，能夠有效的幫助學習者培養出脈絡清晰的寫作——即說故事——能力，這是極少被人提及卻很重要的學電腦程式的好處。

說到這裏，順帶介紹一下Google的CS First。CS First是Google為了鼓勵學童（Google設定為九至十四歲，但年紀較小或較大者，只要程度合適，就可以使用。）學習電腦科學所製作的一系列學習工具和教材。在CS First裏，有一個單元是使用電腦程式來說故事，而且說的是能夠讓看故事的人與說故事的人互動的故事。學童在說故事的過程裏，不但學到上述的結構、順序、清晰表達的能力之外，還學到如何發展獨特的創意，尤其是設計互動過程的創意。

所以說，學電腦程式可以幫助寫作和口語表達，以及說故事的能力，這是非常有效，而且突破傳統訓練表達及溝通能力的方式。看起來好像學電腦程式真的有許多「附帶」的好處，不過這是真的。

有人說Y Combinator（美國著名的創業加速中心）的創辦人Paul Graham的寫作可以歸到散文名家之列，這你不一定會同意，但是他的雜文說理清晰，結構嚴謹，順序流暢，相信看過的人都不會反對。他是學電腦出身的，寫作裏處處可見電腦科學的訓練對他文章的影響，這可以說是電腦程式的學習能帶動寫作能力的一個明確例子。

這一點由EDUx裏學習視覺程式設計（Visual Programming）課程中，小學生學習Scratch的過程就可以很清楚看到。他們都會被要求創作自己的數位互動故事（digital interactive stories），他們要學習怎麼創造場景（create a scene）、怎麼進行場景轉換（scene transition）、創造角色、給角色取名字、怎麼用變數（variable）來記住使用者的回饋（input）、怎麼做互動、怎麼做動畫（animation）、怎樣結合影像（images）、對話的聲音（voice narration）、音效（sound effects）、音樂、文字、動作；故事如何flow（流動、進行）、事件發生的順序、故事如何結尾等，整個製作的過程其實就是創作一個故事，就是一個寫作的練習。

不只是創作，我們的小朋友還使用視覺程式來寫詩、寫劇本、寫名人的小傳，做數學，甚至時事也可以納入程式寫作當中，可以說沒有哪個題材不能夠以程式寫作來表現。到MIT的網站註1可以看到來自全球的小朋友、大朋友的故事創作。看看不同年齡層的小朋友創作的數位故事，就可以清楚了解電腦程式的訓練就是最好的說故事和寫作的訓練。

五、電腦程式是一種特殊的思考訓練

我們常說，律師或法官的訓練是很嚴格的，法律的條文更是嚴格，不容有你說我說他說的不同解釋，否則某一個人到底是否逾越法律的條文，做出違法或犯罪的事情，大家的看法和解釋就會不一致，這個人是否應鋃鐺入獄或無罪開釋，變成公說公有理，婆說婆有理的狀況。對那個人、對整個社會都會造成不公，公理正義變成空談。因此，法律是規範人類行為最嚴格的條文，應該毫無疑問。

事實上，再嚴謹的法條也有許多漏洞、更多的解釋空間。電腦程式相比於法律條文，其嚴謹有過之而無不及。而且和法律條文不同的是，它沒有國界，它是放諸四海皆準的唯一一套準則，從科技先進的矽谷，到最貧窮落後的國度，它都是只此一家，別無分號的一招一式走天下。

經過這樣嚴格訓練的洗禮的軟體工程師，做起事情來，自然會和學文學、社會學、法律、哲學、政治等人文科學出身的人，有迥異的思考方式。有人甚至說，某些國家之所以治理不好，和領導人都不是學習科學或電腦工程的人，和他們缺乏嚴謹的科學或軟體規畫的思考訓練有相當的關係。

註 1　https://scratch.mit.edu/explore/projects/all/

這個問題滿有趣，正確與否，可以留待專家深入研究。但有一點可以確定的是，不同的學門有不同的思考訓練，而不同的思考訓練都有不同的盲點，更會影響做事的方式以及決策的選擇。

你只要看到某些城市由政治人物當市長（這是一般的狀況）、由醫生當市長，或由公司老闆當市長（紐約的彭博〔Michael Bloomberg〕），他們的決策、做事方式多麼迥異，結果多麼不同，就可以知道所言不虛。

以常識來想，大到一個國家及各級政府的領導人，小到一個家庭的決策，如果要周全，不同思考訓練的聯集，才是比較理想的方式。如果長期由偏某種訓練的人來領導一個機構或政府，都有可能埋下不易察覺的盲點和積非成是的錯誤觀念及作法。

在學習電腦程式的過程中，需要把一件很複雜的事，有系統的拆成許多小部分，這樣電腦才能理解。這樣將複雜的程序拆解成小部分的思考訓練，讓學習程式的人在解釋或執行一件複雜事情的時候，也採用同樣的方式。如果電腦能理解，那麼其他人也能理解得更清楚。

寫電腦程式對大腦是一種很特殊的訓練，主要是因為電腦程式溝通的對象不是人，而是寫程式的人在和一個笨機器溝通，機器不會對你餵給它的程式語言讀出其中的言外之意，加上自己的想像或解釋，只要是你說了它聽不懂的話，有一點點語意含糊或者不是事先約定的文句方式，它馬上就給你吐回去。

如果你還想和它合作，要它幫你做事，你就得收拾你的憤怒，再不爽也得按捺脾氣，舉雙手投降，這中間沒有妥協的餘地，沒有商量的空間，更沒有雙方各讓一步這種事，只有你讓步的份，乖乖地照著它的方式來，就這樣一步步的改錯（在軟體開發叫做debug〔除錯〕），到最後，電腦就會給出你所追求的答案。

所以可以這樣說，電腦就是一個脾氣很大的僕人，它有無窮的能力，能做到許多你自己做不到的事，而這些事也沒有其他人可以辦得到。這就是為什麼你要對它如此忍耐的原因，如果不是這樣，你老早就把它fire（開除）掉了，不是嗎？

而你就是有求於僕人的主子，雖然你是主子，但得完全按照僕人的遊戲規則和他相處，否則他可會隨時罷工，到最後你完全得不到他的服務。

問題是，這個「遊戲規則」說難不難，說簡單也不那麼簡單，你這個主人得耐住性子來學習，你的動機與成就感來自於這力大無窮的僕人，幫你做到你想完成的事的那種快感

——相信我，叫得動這個又笨又聰明的僕人做事，那真是很爽的經驗——甚至還夾帶著復仇感，是你最大的回報。

剛剛說的「遊戲規則」指的就是電腦程式的學習。這種嚴格的訓練，在其他的學科訓練裏，幾乎是找不到的。**因此學習電腦程式，就學到一種特殊、嚴謹的溝通方式。**

但是我們剛才說過，電腦程式的律法比法律條文還要嚴謹，還要精確。不僅如此，電腦程式的訓練還是一種抽象式思考（abstract thinking）的訓練，你要學習如何對電腦說明你想要事物的特性（features）、概念（concepts），還有你要電腦做的行動（actions），這些都是非常引人入勝的心智活動。你學會了怎麼做抽象思考，同時也會學到許多其他的思考方式。學習電腦程式可以改變你的思考方式以及處理事情的方法，你會變得有能力把問題看得更清楚，解釋得更清楚，評估得更清楚。你會養成找出patterns（型態、型式）的習慣，由patterns找出過去解決過的問題，再結合其他的patterns，設計出更複雜問題的解決方案。

六、經由電腦程式學習計算機式的思考方式

常聽有人說，學電腦程式的益處就是可以學到邏輯思考的能力，這當然不錯，但是一個比較想當然耳式的說法。奇怪的是，不只一般人這麼認為，連學校教資訊、電腦程式的老師，甚至連大學裏的教授也是這麼說，這是個過於簡化的說法，許多人以為這就是全部，這就犯了以偏概全的毛病。

美國有兩個團體，一個是國際科技教育協會（International Society for Technology in Education，簡稱ISTE），另一個是電腦科學教師協會（Computer Science Teachers Association, 簡稱CSTA），他們匯集了高等教育、業界，及中小學教育的領導者，共同集智定義了什麼叫做「計算機式的思考」（Computational Thinking）。我們來看看依他們的定義和解釋，什麼叫做計算機式的思考：

「計算機式的思考」（Computational Thinking）簡稱CT，是具有以下特性的一種解決問題的過程（Problem-Solving Process）：

1. 鋪陳問題，以便用電腦或其他工具來解決問題。
2. 邏輯性的組織及分析數據。
3. 以抽象方式（如模式或模擬法）來表達這些數據。

4. 以演算式思考（Algorithmic Thinking）——即一步步推理的方式——來自助式的得到解答。

5. 辨識、分析、執行可能的解決方式，以達到步驟、資源等最有效率的整合為目的。

6. 將解決方案歸納並移轉至很多其他層面的問題。註2

現在來看看我們在EDUx學習視覺程式設計的孩子如何學習計算機式的思考？

1. 鋪陳問題：就是當他們在考慮如何使用Scratch裏面的人物、影像、音樂、對話等元素，創造他們的場景、結構、情節、順序來說他們想說的故事。
2. 組織數據：把故事元素以想像的走法組織起來。
3. 表達數據：當他們移動方塊，根據情節、結構等來操作故事的元素。
4. 演算式思考：思考如何以迴路或其他自動化的方式，以達到最有效的解決方案的過程。
5. 執行解答：當他們一步步的以自助式的重複步驟，以趨近最後結果的過程。

6. 解決法之運用：當他們在視覺程式設計中運用學過的方式去解決更複雜的問題時，甚至將解決問題的方式運用、移轉到解決學業或生活上所遇到的問題。

培養邏輯思考能力只是Computational Thinking的一小部分，剛才提到的ISTE及CSTA的定義是屬於Operational Definition（操作型定義），它以整個解決問題的步驟與過程來定義「計算機式的思考」究竟是什麼。我們也可以用直覺式的方式來定義它，簡單的說，在學習電腦科學（電腦程式是電腦科學的一部分）的過程中，我們會學到一些特殊的思考技巧，這些思考的方式因為是由學習電腦科學而來，我們就統稱為「計算機式的思考」。如果要細究，可以分為以下幾種思考技巧：

1. Algorithmic Thinking（演算式的思考法）：

Algorithm一般稱作「演算法」，它是指對於某些問題，特別是一些重複性的問題，根據經驗所發展出來一套解決的規則，碰到這樣的問題，就用事先擬好的規則去解決，這就

註2　資料來源：ISTE、CSTA網站。以上「計算機式思考」的定義以ISTE及CSTA的原文稍做解釋，原文網址如下：http://bit.ly/eduxODCT

叫做「演算式的思考法」。

電腦的特長就是用重複的方式，依循一套規則（演算法）去解決複雜的問題，因此演算式的思考法可以算是計算機式思考法的核心。

2. Logical Thinking（邏輯式思考法）：

這是一般人認為學電腦程式可以學到的思考方式。事實上電腦並不知道邏輯式思考是什麼，而且寫電腦程式的人必須使用邏輯式的思考去指揮電腦，做出他想要的結果。

邏輯式思考是什麼？它是由一些線索或已知的事實去推論（deduce），得到一些新的事實。實際上去做一些邏輯遊戲，學習推論的方式（deduction）可能是對什麼是邏輯式思考法最能心領神會的方式，比如說好玩的Sodoku或者Kakuro，就是學習邏輯思考的好辦法。

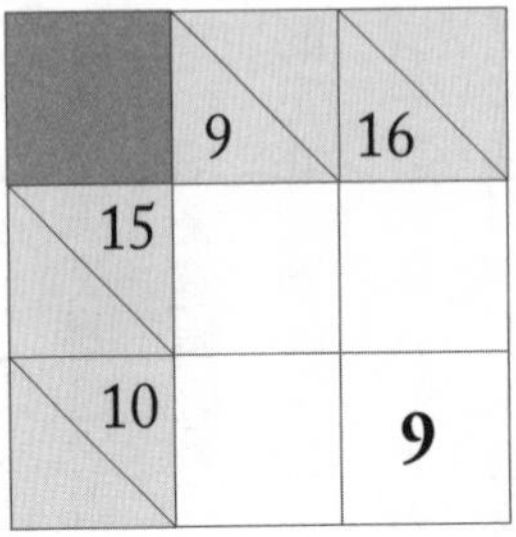

舉個非常簡單的遊戲數謎（Kakuro）當例子（見上圖），你可以學到怎麼由推論來得知一部分未知的答案（9+？=16，所以？=7），再繼續由新的事證推論出更多未知的事實（7+？=15，所以？=8），一步步推論下去，最終得到完全的解答（8+？=9，所以？=1）。這就是邏輯思考的威力，也是在學習電腦程式設計隨時都要用到的思考方式。

3. Efficiency Thinking（效率型思考）：

計算機式思考方式的另一個重要元素就是永遠要以最有效率的方式來設計程式。在電腦的工作來說，效率是以完成一件工作（task）所使用的「時間」來考量，同樣做一件工作，不同的作法都可以完成。但每一種作法完成的時間都不一樣，其優劣就在於所使用的時間長短，時間愈短，就表示愈有效率，也就是愈好的作法。

舉例來說，我們都玩過魔術方塊，魔術方塊比賽的勝負就看誰能在最短的時間內將凌亂的方塊排列成每一面都形成相同的顏色。參加比賽的選手可以訓練自己以更快的手法去旋轉魔術方塊以達到縮短時間的目的，但顯然這不是最有效縮短時間的方法。最有效的方式應該是找出最少的步驟，最少的旋轉次數，能排好方塊顏色的方式，我們稱為「最短路徑法」，才能有效確保最先完成。

這個例子說明了在指揮電腦工作時，思考最好的演算法，以最少的步驟、最有效率的方法解決問題，是計算機式思考裏很重要的一環。

本書第八章有一個互動式遊戲，你可以和朋友一起來玩這個「換球遊戲」。遊戲的目的是以最少的步驟把紅球和藍球的位置互調。遊戲的規則很簡單，你可以把球往前或往後移到隔壁的空格內，也可以把球往前或往後越過一個球（不能越過兩個或兩個以上的球），移到空格內。誰能以最少的步驟完成紅球和藍球互調，就是贏家。

在玩這個遊戲的過程中，玩的人就能深刻體會，針對處理的效率思考，是怎麼一回事。

在學習電腦程式設計時，這是每天都要面對的事，因此它是計算機式思考很重要的一部分，習慣這類思考方式的人，也會將這樣的思考法應用在解決生活或其他領域的問題上，讓生活和工作能更有效率。這就是為什麼學電腦程式對個人來講可以讓你的工作更順利，對整個社會來說，計算機式的思考方式，對政府的行政效率或社會問題的解決，也能有很大助益。

七、電腦程式可以是解決社會問題的工具

二〇〇八年五月十二日，中國四川省的汶川遭受了芮氏地震規模八級的強烈地震的侵

襲，連遠在一千七百公里之外的上海都感受到地震的搖晃，接著再經過二百次以上餘震的肆虐，造成了八萬七千人死亡，三十七萬人受傷，近二萬人失蹤，以及四百八十萬人無家可歸，財產損失估計近美金二千億，是人類史上超級大地震之一，也是中國自一九七六年的唐山大地震之後，造成最重大傷亡及財物損失的地震。

人類在面對天災時的無助和渺小，從有人類開始一直到今天都沒有停過。和過去不同的是，科技的進步慢慢開始促成人類利用科技來解決天災所帶來的問題。

四川大地震發生時，還是一位高中生的Ge Zhouchen，在二〇一四年和他大學電腦系的同伴們，一起用軟體建構了一個在緊急災難事故時的通訊平台，他們的平台讓政府的救災部門和其他營救團體，甚至受災人在停電、網路不通的狀況下，仍能交換訊息，讓他們能夠分配資源到最需要的地方，避免掉救災常發生的有些地方資源重疊，有些需要的地方卻到不了的誤時誤事的狀況。

這就是用軟體，用電腦程式來解決社會問題的一個最好的例子。

如果這些大學生沒有操縱電腦程式的能力，遇到天災人禍，只能在一旁默默祈福，縱使有心，也沒有辦法做出更大的貢獻。電腦程式的能力給了他們威力，讓他們有改變世界的可能。

來自斯里蘭卡的四位大學生，看到他們國家的垃圾收集系統非常缺乏效率，民眾習慣隨手亂丟垃圾，整個國家變成一個處處有垃圾的地方。他們開發了兩個手機apps，一個給垃圾車上的人員使用，另一個則供民眾使用。民眾會在app上看到垃圾車抵達時間，然後由垃圾車人員掃描發給每戶使用的QR code，以記錄每戶的垃圾量。

或許他們的解決方式不是唯一的，也不見得是最好的，但是這個例子說明了許多社會問題都可以經由科技的運用，不是迎刃而解，就是大幅改善問題，或者提高處理的效率。

學習電腦程式是empower（賦能）的過程，學會以寫程式來指揮電腦，能解決的絕不只是科學或工程的問題，有愈來愈多的新創公司、非營利機構、社會企業（social enterprises），或者B-corp認證的盈利公司，都在用軟體解決社會問題，把我們共同生存的世界推向一個更美好的境界。

八、學習電腦程式讓我們更了解我們生存的世界

我們提過Marc Andreessen的文章「為什麼軟體正在吃下全世界」。文章裏，Andreessen

提到Facebook、Groupon、Twitter、Zynga、Foursquare、LinkedIn這幾家軟體公司，這還只是他的公司和他個人投資的少數軟體公司。

環顧一下我們的生活，Google、Apple、Facebook、Youtube、Instagram、Uber、Airbnb、Amazon、Cisco、Oracle、Microsoft、Skype等等，這些科技公司正在改變人類的生活，主宰著人類的未來，這是不爭的事實。

試想一下，如果一位古人來到現代社會，他的生活不但不會便利，反而會充滿各種不便以及不變帶來的不安，甚至沮喪都有可能。近一點來說，社會上很多長者，包括我們自己的長輩，不是不去碰科技產品或服務，就是需要兒孫輩來幫他們處理，手機或者平板就是最明顯的例子。

這還只是現在的狀況，但是以科技進展的速度來看，不要說是長輩們，對每一個人來說，追蹤科技的發展其實是每一天的工作。許多人或許覺得不必要，但是如果科技跑到眼前來，影響到生活，這就難以迴避了。

舉例來說，報載政府財經官員到歐美考察，發現許多銀行內已經空無一人，所有的服務都由機器取代了。相信幾年後，台灣的銀行也許都會不見了，代之而起的是網路銀行以及行動支付。這還只是最淺顯的例子，其他像是無人駕駛的汽車、不同的欣賞音樂和藝術的方式新的通訊方式等，在在都在快速的改變我們的生活；人工智慧及機器學習、機器人的發明、3D印表機、不同的看病方式、完全不同的新教育方式等等正在顛覆人類的生活方式。

這一切，都牽涉到軟體與硬體，也都牽涉到科技。電腦程式的學習，讓我們了解許多新的發明，新的作法背後的原理，讓我們更能理解新的潮流，讓我們成為整個人類社會向前的一份子，而不是站在路邊看火車急駛而過的人，或者甚至是不適應、不了解、不接受新秩序、新規則的形成，成為生活在新世代的古人。

要進入未來社會的人，每個人——尤其是小孩——都需要對電腦程式有基本的學習和了解，這並不是未來要以程式設計為工作的人才需要有的訓練，而是現代公民基本的教育，這就是為什麼我說「電腦程式設計」是新一代的基本素養（Computer Programming is the New Literacy）的原因。

九、學習電腦程式帶給你自由與快樂

二〇一五年，Laurence Bradford在她的部落格寫下一段話，她說：「毫無疑問的，學會怎麼做網頁，改變了我的一生。」

參加完大學畢業典禮之後，她和許多大學剛畢業的人一樣，突然一陣莫名的恐懼襲上心頭，「接下來怎麼辦？我完了。」歷史系畢業的Laurence突然像大夢初醒一般，擔心起自己的前途來。她想自己的選擇其實不多，不是轉換跑道，就是和許多同學一樣，繼續念研究所。

她左思右想，無法做出決定。她想自己喜歡旅行，最後決定到泰國去教英文。她的故事聽起來好像很熟悉，一個美國大學畢業生，找不到什麼好工作，於是到亞洲去教英文。不同的地方在於，就在這個時候，她的生命做了一個轉彎。在教英文的同時，Laurence開始了她自己的部落格，書寫她在亞洲教書和旅行的經歷。

她因為寫部落格的關係，開始接觸到Wordpress（一個部落格軟體），因為想要修改她的部落格設計，她於是開始自學CSS，接著她開始學Bootstrap，一樣接著一樣。後來回到美國之後，她開始認真學習電腦程式中階及高階的課程，她也接著學Photoshop、MySQL、JavaScript、Ruby on Rails，到今天，她已經是一位電腦前端（front-end）的開發者，經常使用HTML、CSS、Sass and Stylus，以及JavaScript。

她寫下了十點學電腦程式如何改變了她的人生：

1. 它使得我有決定自己行程的自由。
2. 它讓我工作的時數減少，但收入更多。
3. 它讓我對工作機會可以說不。
4. 它讓我有人會主動邀請我，為他們工作。
5. 它讓我不再需要去搞那些惱人的線上工作申請表。
6. 它讓我有多餘的時間去追求我的興趣。
7. 它讓我能在遠端工作。
8. 它讓我有機會搞我的「副業」，讓夢想成真。
9. 它讓我成為「高度機密俱樂部」（就是科技社群）的一員。
10. 它給我一種自我依賴（Self-reliance）和有威力（Empowerment）的感覺。

對我而言，Laurence的十點理由，完全可以歸納成一句話：學電腦程式帶給她自由、彈性與自我成就感，那就是來自工作的滿足感與快樂。

十、電腦程式帶給你無窮的威力

我們說過學習電腦程式帶給你自由與快樂，這已經是一件很棒的事了。但是學電腦程式的妙處還不止於此，它能夠帶給你無窮的威力。怎麼說呢？

1. 學習程式讓你能自己做自己的網站。

在以前，人們交換名片，裏面除了人名、職位之外，最重要的資訊是地址、電話，甚至是傳真號碼。現在，大家如果交換名片（有人不印名片，直接掃描QR Code，或者互相搖搖手機就可以傳遞電子名片），第一眼要找的，就是社群媒體（如Facebook或微博等）的URL（Uniform Resource Locator，就是網址）以及公司或個人的網站，有許多人是不印電話和地址在名片上的。

社群媒體的帳號只要去申請，幾分鐘之內就能上線。但是製作網站，如果不願每個月花固定的費用使用現成的網站軟體，就需要能寫程式才有辦法去建造自己所要的網頁。如果你能寫程式，能隨心所欲的架構自己的網站，那你的程度就超過至少百分之八十以上的人，這當然是一件很酷的事情。

有許多人單單為了要做到這件事而去學寫電腦程式，那種快感和成就感，就像辛苦學習一種外語，到某種程度之後，可以和以那個外語為母語的人直接溝通一樣，是非常令人振奮的事，對任何人來說，都是人生值得紀念的一個里程碑。

2. 學寫程式讓你可以製作產品，甚至自創一家科技公司。

如果說製作網站是第一個學程式設計的里程碑，那麼用程式的技術編寫出一樣產品就是一個更大的里程碑。這就好像烹飪學校的學生終於學成，到餐廳去擔任主廚，顧客願意掏錢來購買你煮出來的食物一樣，是一種令人起雞皮疙瘩的感覺。

當然產品有初級、高級之差，有粗糙、精美之別，有設計原型（Prototype）、完成品之較。這並不打緊，因為高級的、精美的、高規格的產品都是由初級、粗糙、原型開始，這是時間、功力和人力的差別，都是假以時日可以做到的。但是第一步——也就是自己有能力以程式設計的能力寫出自己的產品——是很重要的。

有能力用程式製造出自己的產品是起頭，如果有興趣，有企圖心，接下來就是以這項產品（或服務）來開創自己的公司，這個過程就叫做「科技創業」。

科技創業，或叫做技術創業，所需要條件和一般的非科技創業並沒有什麼不同，它需要資金（fund），需要隊友（team），需要場所（location），需要聘用如律師或會計師的專業人士（professionals），需要在政府機構登記（registration），申請執照（license）等缺一不可。所不同者在於，科技創業比一般創業門檻來得高，你必須要擁有專業的技術才能創業，光是這個門檻，就刷掉了許多缺乏技術能力的競爭者。意思是說，別人沒有辦法做的事，你有辦法，因為你有專業技術，設計電腦程式的能力就是你的專業技術。

以電腦程式的能力創業者，有太多成功的先例，如創辦Microsoft的比爾蓋茲、創辦Yahoo的楊致遠（Jerry Yang）、創辦Google的Larry Page和Sergey Brin、創辦Facebook的Mark Zuckerberg，他們創辦的事業都是改變人類生活的公司，這些公司有一個共同點：都是由創辦人一行一行的電腦程式寫出來的。

或許你覺得你沒有像他們一樣大的能力，但是不要妄自菲薄，一步一腳印，連你自己都不知道你能走多遠，你確定你真的做不到嗎？

或許你的興趣不在創業，或許你並不想要馬上創業，你想要在學校畢業後進入職場，先工作幾年後，再看看自己對未來的打算。很好，創業不見得對每個人都是最好的選項，學程式設計不一定要創業，程式設計的專業是市場上需求殷切的人才。

十一、軟體開發的工作機會和可能性超過其他行業

我不喜歡工作（Work）這個字，因為一般人對「工作」的了解就是遊戲（Play）的反義辭，比如說諺語裏的 All work and no play makes Jack a dull boy.（成天工作，沒有休閒遊戲，讓傑克變成一個很沉悶的男孩），就指出和Play，和Fun（趣味）對立的就是Work。

但是工作真的是No Fun（無趣）嗎？我想這大可不必如此，現在的父母和年輕人要思考的是，如何將Work和Play結合，變得樂在工作，每天都迫不及待的要去工作，這才是正道。

我們常在各種場合看到愁容滿面，精神呆滯，分明是對工作毫無興趣的從業人員。我希望正在學校的同學不要以為離畢業還有很長的時間，以後再來擔心工作的事就好。事實上，找不到自己滿意工作的人，通常是缺乏技術的人，而電腦程式是一種介於科學、工程和藝術之間的混合技術，它適合男生，更適合女生，適合數理工程傾向的人、也適合文科傾向的人，它既具有數學般嚴謹規則，又需要藝術創作的原創力（Creativity），它有點難又不太難，任何人都可以應付自如。

還有一點很重要，在電腦程式的職場裏，各種能力程度的人都需要。電腦程式就如一部超級大電影，從跑龍套的角色一直到一人定乾坤的Coding God（程式天才，如一手寫出Minecraft的Markus Persson，一個人寫出整個Linux作業系統的Linus Torvalds），都有他們可以扮演的角色及揮灑的空間。

程式設計的工作分支非常廣，足以滿足各種不同性向及興趣的人，它可以偏到和硬體工程、積體電路等綁在一起，又可以傾向成天搞設計、創作，因此任何人都可以在電腦程式設計裏找到他悠遊自在的角落，做出他足以自傲的小品，又能和別人的作品連結的大製作。

更重要的是，這世界對軟體開發（就是程式設計做出產品的過程）人才的需求，在現在或未來，都遠遠超過所能訓練出來的人數，因此你從事這一行，幾乎可以說在有生之年，不必擔心找不到工作。

最近聽到一個笑話，常常看到有電腦程式工程師在他的LinkedIn，網站或如Facebook等社群媒體上，寫著「我沒有在找工作，請不要提供工作機會給我」，或者是「對不起，我現在沒有在接件，請不要聯絡我」。

一個朋友特別解釋說，「你有在其他行業看到這種情形嗎？沒有，軟體工程師是唯一會寫這些的人。」可以想見，他們一定是接到太多的工作邀約，這樣註明，可以不要浪費大家的時間。這雖然很好笑，可也是事實，簡單的說，整體的人才真的非常熱門（hot）。

我們住在西雅圖的時候，Microsoft的總部在Redmond，Google就在Redmond微軟總部的外面設立一個辦公室，專門招攬Microsoft出走的人才。這種搶人大戰，在我們搬到加州的矽谷之後，看到的可說是更怵目驚心的肉搏戰，Google、Facebook、Apple、Yahoo，還有許多大大小小的公司，都在近距離之內互搶人才，從Facebook付給尚在學的暑假工讀大學生的薪水（一個月大約美金八千四百元），就可以想見全職工程師是多麼的受禮遇。

歷史上，可以說沒有一個行業的從業人員有如此的需求，這是一個大好的機會，而且在未來幾十年之內，軟體的人才都會供不應求，現在不開始學程式設計，更待何時？

而且，程式設計的能力如果自小開始培養，等到進入職場時，程度就能超過他人，所能負擔的工作難度和複雜度也會高過他人，待遇自然和工作能力成正比。如果要看成是一項投資，這項自小學程式的投資，其報酬率將會十分驚人。

PART IV

由視覺程式語言入門

CHAPTER 7
父母該了解的程式語言學習

我非常詳細的探索過為什麼小孩或任何人，特別是年輕人，都應該要學習電腦程式設計。學程式設計可以刺激大腦，讓小孩變聰明，又因為程式設計是一種特殊的思考訓練，學習者可以學到在其他學科學不到的思考訓練，這包括計算式的思考、演算式的思考、邏輯式的思考等等。

程式設計強調的是團隊合作，學程式可以學到如何與人分享，與人合作，可以學到領導、溝通、解決問題、發表意見。程式的學習也是一種寫作的訓練，你還可以經由程式來學習其他的學問（Code to Learn）。程式可以讓我們更了解生活周遭的世界，幫助我們想到辦法，解決許多的社會問題。

程式設計可以讓我們有能力自己製作自己的網站，給我們工作上的自由與滿足感。更實際的，我們可以用程式設計的能力來創業，沒有興趣創業的人可以用它來找到高薪的工作。

更重要的，程式設計的能力具高度的專業，你會成為企業追逐的對象，如果你想找工作，你完全不需要像其他人一樣，蹲在家裏寄履歷表，然後被動的等著公司在一堆人事履歷裏，幸運的挑到你，找你來面談。你只要你的LinkedIn帳號上說一句I'm Available to……，許多企業就會主動找上你。

如果你同意學習電腦程式設計對孩子或你自己是重要的，接下來的一個很明顯的問題就是：由哪裏開始？怎麼學？這是一個好問題，它值得一個清楚的、全面的答案。

因此，接下來我要回答的就是這個問題：學電腦程式語言是怎麼一回事？到底有多少程式語言？這些語言有什麼不同？我應該由什麼語言開始學？理由是什麼？這一連串問題，說簡單也不太簡單，說複雜也還談不上。到處找也看不到一個好的回答，所以我決定給這些問題一個總覽性的完整回答。

我用稍長的篇幅回答，內容不免會提到一些專有名詞，我在提到時會盡量以簡短的文字說明一下這些名詞的涵義，但是我知道更深入的說明會讓一些不需要知道這些細節的讀者分心或者失去興趣和專注，因此我會適可而止。

我由視覺程式設計開始談起，也談到用Unplug（不插電，也就是不用電腦）的方式學程式設計。接著我簡單介紹各種不同的程式語言及其用途，也提到許多人常問的做網頁，或做Android及iOS的App需要用什麼工具，要怎麼開始等問題。

要特別說明的是，我只介紹一些常用的語言及相關的架構（Framework），寫一個鉅細靡遺的全套程式語言介紹，列出所有的語言，並不是我要做的事。

介紹完這些重要的程式語言之後，我接著談許多人關心的問題，就是應該由哪一個程式語言開始學？學了之後可以做什麼？接下來又應該學哪一個語言？對這些問題要給一個負責任的回答其實沒有那麼容易，要考慮的重點，因個人的狀況，也會不太一樣。對於這些，我都盡量慎重的回答了。

結果是，我用了許多的篇幅詳細處理了這些問題，內容不能說非常淺顯易讀，尤其是對平常不接觸科技或程式設計的人來說，可能偏於太Technical（技術性）。許多讀者可能會沒有心去消化這些內容。

但是我的看法是，或許你不理解你需要，但是我知道你需要知道這些事。或許你覺得你只要知道結論是什麼，過程或細節你不用知道，但是我請你耐心的仔細看完。

如果你是考慮想學程式設計的國、高中生或大學以上的年輕人，這整個介紹會啟動你許多對未來的想法，有了想像之後，才會有繼之而來的動作。如果你是在幫小孩考慮學程式的父母，仔細看完這篇介紹會讓你對小孩學程式、學科技之路該怎麼走，絕對有清楚、正確的觀念。

CHAPTER 8

視覺程式語言總覽

首先，我要強調的是，在EDUx及iCodeSchool，我們教的是視覺程式（Visual Programming），所謂視覺程式設計，就是說學程式的小孩是透過原創者設計的一個視覺介面來寫程式，學習者經由操作視覺介面提供的工具或元素進行創作。小朋友，或任何初學者，經由這樣的介面來學習，避免掉枯燥繁重的一行一行打出程式語言，但還是可以學到程式設計的精髓和體會程式運作的原理，是一件非常棒的發明。

事實上，專業的軟體工程師經常使用各式各樣的視覺介面執行工作，介面讓他們的工作效率大大提高，是他們求之不得的事。而且，介面也可以很複雜，許多專業課程是在教如何使用介面。

小孩子學程式設計，經由視覺介面學習，只會讓他們學得更有趣，進展得更快、更順利；更何況，這些介面都是由最好的研究機構或商業公司裏最頂尖的人才，集眾人之力建構出來的，經由全世界成千上萬的小朋友（及大人）的測試和長久的考驗，才有可能被我們採用作為教材。

Scratch只是視覺程式設計範疇裏的一項工具，除了Scratch之外，我們使用Lightbot、Minecraft、Code Combat、Tynker、Kodu，還有許多其他的視覺程式語言當教材。另外，我們也用Khan Academy開發的課程教JavaScript，小孩子浸淫在這些豐富的材料中，悠遊自在的學習，等到時間到了，他們準備跨出下一步，開始有興趣想看看視覺介面的背後是什麼，想要接觸硬邦邦的程式語言和文法的時候，你會知道的。由視覺程式設計開始學，這是最好、最自然的學習法。

家長的盲點

有些家長擔心小孩子都在玩，希望他接受有挑戰的學習。我理解家長會對一般學校齊頭式的教育感到不耐，覺得小孩在學校浪費許多時間，這種心情我了解。如果你讀過我兒子安廬的《不只是天才》，聽過我的家庭的故事，你會相信我們知道什麼是有挑戰的學習。我見過許多全世界最聰明的孩子，他們有一個小圈圈，如果你像我一樣在他們聚會時坐在旁邊看，你會目睹當小孩子掙脫成人加諸的枷鎖之後，他們的想像力可以如何的馳騁，他們又能如何欣喜的去接受不可能的挑戰。

有家長告訴我們，她八歲的孩子在和一位台大的學生學Java和C++，我問她小孩以前學過什麼，家長說沒有，小孩想直接挑戰Java和C++。我們看過太多太多的小孩，我們不會做的事就是去judge（下判斷或評判）家長和孩子，去對小孩子設限，去告訴他可以做什麼，不能做什麼，特別是在對小孩並不認識的狀況下，隨便對小孩的判斷和能力下斷語，這是會斲傷他的信心和興趣的。

不過這裏我想提供一個小故事供作參考。有一位台灣頂尖著名高中的資訊老師告訴我們，他們資訊課上的是C++，許多學生在小學和國中從未上過程式課程，第一次接觸電腦程式就是學C++，結果多數的學生沒興趣，有些人更是自此對程式設計敬而遠之，第一次的邂逅大概也是最後一次了。

像這樣盲目的「挑戰」，只會抹煞興趣、戕害信心，會毀了小孩一輩子對某個學科或某種才能的追求，是非常可惜，也非常不智的。

我們聽朋友講過一個故事，有一個女孩子在她的媽媽過世之後，就一輩子再也不碰鋼琴了。在她的理解裏，學鋼琴是為媽媽學的，媽媽走了之後，她再也沒有碰鋼琴的理由了，這或許是個極端的例子，但是大家都聽過有些小孩上了大學之後，學了十年多的琴就放在那裏招塵，不再聞問。這些故事都說明了一件事：對於培養孩子的興趣，家長即使有些特定的想法，也要採取引導、甚至迂迴的方式，「引誘」小孩去嘗試你希望他接觸的興趣。

如果以家長的權威指定小孩要做什麼，那是最愚蠢的方式。如果你的小孩像我的小孩一樣，自己的主見很強，那你不用擔心，因為他橫豎是不會聽你的。如果你的小孩很聽話，你知道你要他做什麼，他就會去做，那麼相信我，你很需要擔心。因為我很清楚，幾年內，他會讓你滿意，但是把時間拉長到十年、二十年來看，你和他都會是輸家。

再回頭來看Scratch。小孩子利用介面的工具，加上自己的想像力，做出具聲光效果的互動故事、遊戲或動畫，然後和全世界數千萬的Scratch社群會員分享，他們學會了創作，學會怎麼和同儕合作，學到怎麼有邏輯的說故事，怎麼有系統的思考，怎麼和別人分享。他們的學習是立體的，不是平面的，這種學習的經驗並不容易碰到，許多父母表面上也看不懂這是一種怎樣深入有效的學習。

事實上，視覺介面的學習在各種專業的用途很廣，像飛機駕駛員面前各式各樣的儀表板和控制按鍵，就是視覺介面的一種。不習慣使用視覺介面的人，看到這麼複雜的儀表控制，一定會覺得頭暈。想像飛機駕駛突然心臟病發，不省人事，你從來沒學過駕駛飛機，現在必須獨自把飛機平安降落，那是多麼恐怖，而且不可能辦到的事，但是對習慣各種數位介面的小孩子，說不定能把飛機安全降落。

所以我們甚至建議大學生或任何成人，如果沒有學過程式設計，最好由視覺程式開始學，成熟的人可以學得快一點，但是跳過這一層，要往上走的時候，就會碰到學習的斷層，對小孩來說，可是會影響一輩子的學習，父母宜慎重考慮，千萬不要在這個地方剛愎自用。

學程式語言的最佳起點

我們在第六章裏非常仔細的論述為什麼要學電腦程式設計，學了有什麼用，它能給小孩什麼樣的新訓練，和什麼樣他過去沒有學過的新的思考方式，這些對他的未來會有什麼影響。了解了為什麼要學程式設計之後，接下來的問題就是怎麼學，由哪裏學起？我認為，學程式設計最好的起點是由視覺程式設計開始，不只是小孩，大人也是如此。

上面提到，高中生一開始學程式由C++入門，結果許多學生過了一學期之後，覺得困難而且枯燥，明白表示以後不會再碰程式了。大人如果是初學，由視覺程式入門，可以增加趣味，免掉剛開始的許多挫折感，絕對有益而無害。而且如果自覺學得順利，可以很快進階，進入文字為主的程式設計（Text-based Programming），視覺程式的學習經驗會增加你對程式的體會，絕不會浪費你的時間。更何況，學了它還可以教小孩，和小孩互動，當然是一個很划算的學習投資。

首先，讓我們一起來了解一下，什麼是「視覺程式設計語言」（Visual Programming Language，簡稱VPL）。任何以操作視覺元素做為程式指令的程式語言，都叫做VPL。

二〇一六年五月，麻省理工學院（MIT）和Google宣布了一項合作，他們的口號是：「Scratch＋Google ＝ 為孩子設計的新一代程式設計方塊。」這個新的程式語言他們共同叫它做Scratch Blocks。它的特色是所有開發Scratch Blocks的程式全都公開，成為Open Source（開放原始碼），讓任何個人或公司可以在開發他們自己的應用程式（App）、遊戲軟體或玩具時，把Scratch Blocks也包進去，讓更多小孩有機會接觸到視覺程式設計。

這兩方的合作是一件很棒的事，因為自二〇〇七年MIT推出Scratch以來，受到全球許許多多小孩的喜愛，啟動了孩子學習程式設計的熱情，長期的和終端使用者面對面的交流，使得MIT對視覺程式方塊的設計累積了許多實際的經驗；而Google則在它的Android系統下有成千上萬的開發商，可以預期在開放原始程式碼的安排下，Scratch Blocks將會有更多的用戶。

我們知道，Scratch的玩法是把程式方塊經由滑鼠的拉卸（Drag and Drop），上下堆疊在一起，我們叫這種方式做「垂直視覺程式法」。MIT的另一項產品叫ScratchJr則是由左右推靠在一起結合程式方塊，這叫「水平視覺程式法」，對小小孩來說，左右結合的方式更適合他們的直覺反應，同時方便在行動裝置（如手機）上使用。而Scratch Blocks可以支援垂直和水平兩種文法，所以更便利開發商發展各種不同的產品，用在各種形式的行動裝置上。

MIT的另一樣產品，叫App Inventor，同樣也是使用移動方塊的視覺法來寫程式，這程式則適合年紀較大一點——國、高中及大學——的孩子學習程式設計之用。App Inventor的視覺介面非常類似Scratch，但是它和Scratch大不相同的地方在於它寫出來的成品可以直接放在Google應用程式的賣場Android平台，供人免費或付費下載使用。也就是說，App Inventor不只是一個學習程式設計的工具，還是一個產品的開發工具，因此它的威力和Scratch大不相同。

除了Scratch、ScratchJr、Scratch Blocks、App Inventor之外，還有許多常用的視覺程式設計的工具，簡單介紹如下。

Blockly

Blockly是一個由Google開發的工具，它的介面類似Scratch，是一個用戶端的JavaScript Library。Blockly程式方塊堆疊後，可以產生JavaScript、Python、PHP，或任何其他語言的程式碼。

MIT的App Inventor用它來開發Android的應用程式；Code.org也用Blockly當做教材，我們在台灣到處舉辦Hour of Code（一小時學電腦程式）的公益活動，也會使用Blockly來教學；Open Roberta也拿Blockly來寫控制LEGO Mindstorms EV3機器人。

Kdou

Kodu是由微軟公司開發出來的一項視覺程式設計工具，它原來是用在微軟的XBox上，小孩子手上抓著電玩搖桿控制器就可以製作出自己的遊戲。Kodu也有在Windows系統的版本可以免費下載。Kodu的特色是，不同於其他產品是用bit-mapped（位元映射）或在2D上顯示，Kodu的程式在模擬3D的環境中執行，這一點和另一視覺程式語言Alice類似。

Alice

Alice於一九九四年由維吉尼亞大學（University of Virginia）開發出來，後來由卡內基美隆大學（Carnegie Mellon University）接手繼續發展。因為Alice是在學院內發展出來的，它的首要功能是用在教學上。Alice適合國中以上的學生學習程式之用，但是有些大學也拿Alice當做學生的第一個程式語言教學，某些學校的大學生學了Alice之後，電腦課程Retention Rate（指學生繼續學習的比率）由百分之四十七變成百分之八十八。

Hopscotch

Hopscotch是由Hopscotch Technologies開發的視覺程式設計語言，它和Scratch非常類似，其設計的目的是希望讓Scratch更簡單、更好用，因此它刪除掉許多Scratch裏程式方塊的功能，加上它自己的功能，做成一個更簡單的產品。它最近宣布了Hopscotch的iPhone版，使用iPhone的人可以免費下載玩玩看，年齡很小的小孩就可以開始玩。

StarLogo

Star Logo是由MIT的媒體實驗室開發出來的電腦模擬語言，它是Logo程式語言的延伸，目的是做電腦程式語言的教學之用。它最新的版本之一叫StarLogo TNG（The Next Generation，下一代）。它使用Blocks，如拼圖般結合在一起的方式寫作程式，創造3D的遊戲。MIT說，StarLogo TNG的目的是在教學生經由3D的圖形工具，以創造與模擬複雜系統（Complex Systems）。

LEGO EV3

LEGO EV3是LEGO公司的Mindstorms系列機器人的第三代，EV是Evolution（進化）的意思。EV3可以走路、說話，做許多動作，這些都需要軟體的操控，LEGO EV3就是一種視覺程式，用來操控Mindstorms機器人之用。

Snap!

Snap!以及它的前身，叫BYOB，是由加州大學柏克萊分校開發的視覺程式設計工具。Snap! 的靈感來自於Scratch，因此界面和Scratch相類似，但是Snap!加入了許多功能，所以做比較高階程式設計的學生也可以使用。

另外，Snap!完全是掛在雲端的工具，因此使用它不必下載或安裝檔案，只要打開瀏覽器，進入Snap!就可以開始使用。

柏克萊分校拿Snap!來當做非主修電腦學生的第一個電腦程式課程。自二〇一五年開始，紐約的一百所高中採用柏克萊的這個課程，當做高中的AP Computer Science Principles的正式教材，所以這些高中生都會使用Snap!。

Tynker

Tynker是一個商業的視覺程式設計教育工具，但是它有提供部分免費的權限，EDUx在做Hour of Code活動時，也會使用免費的Tynker來教學。Tynker依舊源自於Scratch，不過它的程式是由HTML5和JavaScript寫的，而不是像Scratch一樣使用Adobe的Flash。這是一大優點，因為——正如賈伯斯在二〇一〇年所預言的一樣——Flash已經漸漸走向壽終正寢之路了，HTML5的Open Source和不必安裝Plugin才是王道。

視覺程式語言的優點

讓我們一起來看看視覺程式設計究竟有什麼優點，為什麼學程式設計要由它開始？理由非常多，我們先談重要的幾點：

第一、視覺程式設計（Visual Programming，簡稱VP）讓學習者不必擔心程式寫作的文法（Grammar）和句法（Syntax）。

程式語言和一般自然語言（Natural Languages）沒有太大的兩樣，它有一定的文法和句法要遵守，否則無法形成約定俗成的意義，別人（程式溝通的對象是電腦）就無法理解你想要傳達的意思。

比如說，kids、need、to、learn是四個單獨的字，隨意組合起來，Learn kids to need不合句法，無法表達想要傳達的本意：Kids need to learn。程式語言也是如此，句法錯了，程式就動不了。

一般以文字為主的程式語言（如C、C++、Java等），要依其正確文法和句型的要求，寫出能執行出結果的程式，學習者必須具有相當的成熟度，這完全超出初學者——特別是年紀較小的小孩——的能力範圍之外。視覺程式用Drag-n-Drop程式方塊的方式，完全避掉了文法和句法的問題，也就是說，初學者不會寫出不合文法的句子出來。視覺程式讓學習者不必去費心或煩惱拼字、文法、句型的問題，而可以集中精神在程式的邏輯上，確定執行程式時，可以跑出欲求的結果。

視覺程式幫助初學者卸下一個討厭的重擔，可以說功德無量，如果沒有以有趣醒目的視覺介面把足以把人嚇走的複雜文句遮掩掉，我想百分之九十五以上的小孩都學不下去。這有點像是用巧克力包裹苦藥，讓吃藥的人可以吞得下去。既然能治病，藥劑的效果也都還在，何苦強要剝掉那一層糖衣，一定要小孩吞下苦口的藥呢？

第二、視覺程式提供整個程式設計All-in-One的環境。

一般的程式設計，在寫程式時，需要一個文字處理的環境；在執行程式時，需要一個執行的環境。這兩個環境，有些程式語言會提供合而為一的環境，視覺程式的程式環境是屬於這種合而為一的方式。

學習者專心寫好程式之後，馬上可以在同一個環境之下執行程式，立刻可以看到結果。結果不對，馬上可以修改程式，即刻可以再試著執行一次，直到程式正確執行為止，這是一件非常幸福的事。

這讓我想到幾十年前我在學程式時，用一個類似Telex打字機的端終機在螢幕上敲打程式，編輯程序的環境叫做Vi，是一個Unix作業系統底下編寫和修改程式輸入的環境，它一般是在指令輸入的狀態，按i則進入文字編輯的狀態，這兩種狀態的分別並不明顯，使用者必須記住自己是在哪一個狀態之下，否則就得按幾次Esc鍵確認，說多麻煩就有多麻煩，然後鍵盤硬邦邦的，完全沒有回饋（feedback）可言，讓人聯想到貝多芬把指頭彈到斷掉，想想真是很辛苦。

現在的孩子，有機械性的鍵盤（mechanical keyboard）可以用，還可以有不同回饋感的選項，有視覺程式的環境可以學程式設計，如果還學不好，那真是一點藉口都沒有。

第三、視覺程式可以立刻上手。

如果談學習曲線（Learning Curve），視覺程式的學習曲線可說是平的，也就是說它非常容易上手。Drag-n-Drop程式方塊就可以寫程式，再加上不同功能的程式方塊都顯示在螢幕上，例如，一個方塊的功能可能是「往前走X步」，另一個方塊則是「右轉X度」，這裏的X可以由使用者自行填入數字。你可以填入一個很大的數字，比如說，「往前走一千萬步」，然後執行你的程式，你的Sprite（小精靈）可以一直走到喜馬拉雅山去！

程式方塊學習者可以拿來就用，根本不需要看使用手冊。尤其是比較大的小孩或是成人，有興趣的話，跑完程式之後，可以看看程式方塊背後的文字程式究竟長什麼樣子，這樣可以了解程式是怎麼來的，對於以後寫文字型的程式語言，會更容易得心應手。

第四、視覺程式讓別人輕易看懂你的程式。

一般的文字程式，動不動就數百數千行，程式究竟是在做什麼，即使說明寫得很完整，不仔細看程式是不容易了解的。視覺程式就沒有這個問題，如果你要向別人解釋你的程式在做什麼，別人可以很快進入狀況，甚至連沒有學過視覺程式的人，都可以了解你在做什麼，這是視覺程式很大的優點。

第五、視覺程式容易Maintain（維護）。

Maintainability（程式的維護性）是程式寫作很重要的一部分，程式需要應需求的改變而修正，寫作時需要考慮到怎麼寫將來容易維護和改動。視覺程式在了解上容易，在維護上也輕鬆。改動時，移走幾個方塊，再添加幾個方塊進來，就是一個不同的程式；文字型的程式寫作，要修改就困難得多，一不小心弄錯，程式還執行不了，光抓錯（debug）就會花掉許多時間。

所以視覺程式真的好處很多，但是不要被它簡易的視覺介面給騙了，以為它只是小孩子的玩意兒，那就大錯特錯了。大人——尤其是小孩子的父母——如果可以和小孩一起學，除了有機會教學相長之外，也是一項很好的家庭活動。

家長對視覺程式設計應有的觀念

許多家長，特別是父親們，覺得自己的小孩是資優生，很聰明，因此不需要由視覺程式設計學起，或者是學了一下視覺程式，短時間內就要求要進到「真正」的程式設計課程。

首先，有這些想法的家庭，小孩子確實比較聰明資優，這是不錯的，誤解的部分不在這裏，而在於誤解視覺程式本身的性質。視覺程式設計雖然看起來只是拉些方塊，然後堆疊在一起，而且有許多的顏色、聲光、音樂俱全，還可以創作人物，在孩子創造的世界中跑來跑去，小孩能做出許多好玩的遊戲，孩子一面創造，一面和同伴討論，不時傳來咯吱不止的笑聲，有些小孩還興奮的跑去看別人做出來的東西長什麼樣，場面看起來有時會相當喧鬧和混亂，家長看到會覺得這根本是在玩，哪是在上課、學習。

我們碰過不少家長有這樣的看法，但是我們不得不說，這是家長囿於傳統的觀念，認為學習是要認真、要嚴肅的，他們無法理解，這樣嘻嘻哈哈的根本是在打鬧，花錢學東西，怎麼會是這樣。

家長看到的是我們上視覺程式的課堂狀況，還好沒有看到我們上Minecraft的教學現場，那大小的尖叫聲，遊戲裏的音樂，加上同學間互相討論，或談合作、談競賽的吵鬧聲，有時都快要把屋頂給掀了。那個場面，比起看球賽觀眾的鼓譟聲，恐怕不相上下，可能會讓家長瞠目結舌，即使是有讓孩子在家玩Minecraft的家長，也無法想像孩子在家玩同樣的遊戲也沒有瘋成這樣，怎麼到了教室，在老師帶領之下，和其他同學會整個好像變成另一個人似的，許多家長看到這個景象是要皺眉頭的。

事實上，我要說，這是學習最棒的狀態，也就是我們說的Total Engagement（全神投入）。在這裏，我們徐式教育法（Hsu Method）的教學哲學——比如說在遊戲中學習（Learn by Play）、做中學（Learn by Doing）、向同儕學習（Peer-to-Peer Learning）、混齡學習（Mixed-Age Learning）、合作學習（Collaborative Learning）、由教別人學習（Learn by Teaching）、遊戲為本的學習（Game-based Learning）、大腦為本的學習（Brain-based Learning）、遊戲化（Gamification）、批判性思考（Critical Thinking）、自我動機（Self-Motivation）——在小孩身上看到充分的表現和發揮，這是許許多多的教學研究和新的教育理念在背後支撐，加上多少絕頂聰明的人共同努力、匯集之後才能產生的效果，不單是教視覺程式，教Minecraft或其他項目，都是一樣的。

一把義大利製琴名匠Antonio Stradivari做出來的小提琴，在Anne Akiko Meyers手上可以發出傾國傾城、讓聽者醉倒的美妙音樂；同樣的琴，換到一個普通的音樂匠人手上，拉出來的聲音，恐怕任何人都聽不出是一把傳世的名琴。真正懂得學習的原理，加上長久的實驗和實務經驗，我們今天才有辦法把課程教得讓小孩覺得都是他自己學來的，而且真正變成他自己的東西。

心理學家們對家長的建議

臨床心理學家Michael Thompson，也是《受壓的小孩》（*The Pressured Child*）一書的作者，對家長的反應非常熟悉。他說，真正的問題出在家長，尤其是自己相當成功的家長，他們對自己的工作與生活掌控得比較好，也會以同樣的方式控制小孩的生活。因此他們對小孩課後活動的選擇出發點是焦慮（Anxiety），而非小孩的福祉。

他的話說得很重，但難道不是事實嗎？他接著說：我當小孩子的時候，父母會說，把盤子裏的菜吃完，中國的小孩都在餓肚子呢。現在的父母則是說，去練你的樂器，中國的小孩都在練琴呢。意思是，焦慮感、競爭心態，擔心落在人後，這一切才是這一代父母思考的重心，父母戴上這一副競爭的有色眼鏡看這個世界，導致觀念上的扭曲，以為學習一定要像在學校那樣才對，要有教科書，要有講義，老師要講得口沫橫飛，要有快速的進度，要有家庭作業，要有考試，學習氣氛要嚴肅，課堂要安靜。

他們不知道的是，世界已經走到很前面去了，過去的許多觀念都已經不合時宜了，教室和教學早已翻轉了，學生（不是老師）才是學習的主體，學生自發的動機才是學習的起點，最好的學習是學生根本不知道他在學習，卻學得比以前要多得多。小孩的心靈要先被解放，要讓他自然的愛學習，如果他已經被矇蔽了，以為學校的那一套才是學習，學習一定要無聊、無趣才算，否則就是玩耍，不是學習。那樣的情況，我們就得幫忙找回他與生俱來的對學習的熱誠。

Suniya Luthar是哥倫比亞大學的心理學教授，她的觀點和我們的看法不謀而合。她說，問題出在家長過度監控（Overscrutinize）小孩的表現。不管是學業或其他活動，家長都像老鷹一樣眼睛直盯著小孩的成績表現，只會讓小孩的學習和行為失去動機。

家長要學會放手，讓孩子自己來，讓他去跌倒，他自己會爬起來；讓他自己去解決問題，他以後才會解決自己的問題；讓他去Screw Up（搞砸），他才能學會收拾殘局；給他一些空間，他才有辦法呼吸。

Luthar教授說，家長弄到最後，小孩子的自我價值感（Self-Worth）是和他的表現（Performance）連在一起：我的表現有多好，我的價值就有多少。難道不是嗎？有多少家長對資優生呵護備至，飯來張口，茶來伸手還不夠，他還要看看飯和茶合不合他的意，否則連張口伸手都懶得。孩子被養得只關心自己，自己就是宇宙的中心，父母、老師都跟著他打轉，原因只有一個：為他的將來好。

如果你是這樣的父母，我勸你趕快跳出這個陷阱和泥淖，把小孩從你的背上放下來，讓小孩腳踩在地上，讓他接上地氣，百分之百的去體驗他的人生，那是他的權利，不管是誰都沒有資格去剝奪他這個與生俱來的人權。

我的看法和Thompson和Luthar相同，我認為家長過度監控（Overscrutinize）及受焦慮操控（Anxiety-Driven）的心態，對小孩的學習有很不好的影響。很抱歉直接指出家長的問題，但我的任務是幫助家長教出不一樣的小孩，而非取悅和迎合家長，如果我比較直接而缺乏修飾，那是因為根據過去的經驗，拐彎抹角的結果經常變成雞同鴨講，說了跟白說沒兩樣，那是浪費大家的時間。

在我的看法裏，家長是整個社會裏最重要的角色，重要性超過所有政治人物和所有教育人士的總和，說得更直接一點，家長決定了一個國家的未來競爭力，但是他們卻非常缺乏資源和教育，而且常常充斥了反科學、舊思維、人云亦云，甚至許多馬路消息。

我常收到令人啼笑皆非，多半連作者名字都沒有，不值一顧的各種訊息，卻發現這些道聽塗說的訊息常是家長知識的來源，最後成了教育我們下一代的養分。對於這一點，除了家長改變態度，積極進修，培養判斷力，主動找專書和資料認真閱讀，不要只讀軟性的、易讀的文章，不要看八卦或言之無物的文章消息，要讀需要思考的讀物之外，我也想不出什麼其他的法子來了。

臨床心理學家Polly Young-Eisendrath，同時也是《跨越自尊陷阱：教出自信與慈悲的孩子》（*The Self-Esteem Trap*）的作者，談到過去的父母和現在父母的不同。她說，以前的父母沒有現代父母那種對小孩生活近乎偏執的興趣（Obsessive Interests）。她的觀察，顯然是一件可以看得到的事實。也許是少子化的關係，這一代父母有許多參與孩子生活異常之深，甚至還沾沾自喜親子關係非常密切，他們常常忘了給小孩一個獨立的人格。

Michael Thompson說，接送小孩時，你是看到他表情愉快，聽到他咯咯的笑聲，還是看到他表情嚴肅，拖著沉重的步伐走路呢？容我再嘮叨一次，小孩的快樂建立在自我的學習動機上，這是大腦進化論告訴我們的科學事實。自我動機才能幫助學習的效率和效果。他在課堂上的笑聲，和同儕間的互動，是他全神浸淫在學習中的明證。

學習本就應該是這樣，我們寧願他全神的投入學習，不太理會我們要他小聲一點，免得干擾到別人的勸告。也不願為了教室的秩序，省卻老師的力氣，或者是管理上的便利，甚至為了迎合家長的觀點，而把課堂的氣氛弄得嚴峻不已，影響到小孩真正的學習。

所以，下一次你去接小孩，看到孩子興奮的在教室大叫，不要覺得奇怪，不要覺得小孩只是在玩，沒在學習。我向你保證，那種狀態下，他的大腦正在進行最有效的學習，那是我們求之不得的情況。學視覺程式是這樣，學Minecraft是這樣，學什麼東西都是如此。

我提到的那些教學的哲學，教育的理念，不是一堆專有名詞而已，而且結合理論和實務，把最好的學習法，活生生的呈現在你的面前。這些，當然不是自學視覺程式，自己在家玩Minecraft可以得到的。

家長看不懂這些，並不代表這些元素不存在，譬如有些人覺得視覺程式是小孩的玩意，並不是真正的程式設計，這就是一個很外行的觀念。小孩子在拉卸程式方塊時，程式碼同時在背後成形，如果方塊堆疊不對，程式碼就不會對，程式也跑不出結果來。

所以，視覺程式照樣要有清楚而嚴謹的邏輯思路和正確的步驟，小孩子必須要有和程式設計師一樣的思路，才能弄出有用的程式出來，指揮程式做到他想做的事。如果這不是在寫程式，怎樣才是寫程式？

視覺程式和文字程式各有各的優缺點，視覺程式的優點恰好就是它的缺點（比如說全部展示在螢幕上的程式方塊在功能上還是不夠用，不像文字程式可以有整個Library的Functions可以用，不夠的話，還可以呼叫外部程序來支援），但是沒有一個懂程式設計的專業人士會說視覺程式不是程式設計，學它和學「真正的」程式設計不同，或者說視覺程式是兒戲，沒有必要學；這些都是不了解視覺程式威力的外行人說的話。

程式設計是一個人一生很重要的技能之一，它進入的門檻並不低，也就是說，程式設計並不簡單。視覺程式設計的發明讓初學者——特別是小孩子——很容易入手，大大的降低了學習程式設計的門檻，它讓初學者有機會管窺程式的廣大世界，也讓他們有了足夠的熱身。我說過了，大一點的孩子或成人還是建議由視覺程式進入，但可以加快進階的速度；小小孩的成熟度未到，就不必急著進階，可以在視覺程式的環境待久一點，還是有許多不同的工具和功能可以玩，這樣他們的體會將會更深。

但是重點來了，程式設計是一個了不起的技能；**未來的世界會分成兩種人，一種是會寫程式的人，另一種是不會寫程式的人**。當然會寫程式的人不一定要從事電腦相關的行業，他可能是個坐辦公室的人、可能是個醫生、實驗室的研究人員、律師、政治人物、金融業的人；事實上，什麼行業都有可能，而且不管是什麼行業，程式設計的能力可以和他的專業相輔相成。在未來科技主導的世界裏，沒有一個行業不會受到科技的巨大影響，而驅動科技的引擎，就是軟體的開發，而軟體開發，也就是程式設計發展的過程。

程式設計影響每一個行業，沒有程式設計能力的人，他在那個行業的生存能力將會大打折扣。將來，就算開一間咖啡店、從事服裝設計等等，這些和程式設計看起來毫不相干的行業，如果有程式設計的能力，將大大增強你的競爭力和發展潛力。反之，如果沒有程式設計能力，個人的發展和事業的永續都將大打折扣。

當然，你可以僱用專業程式設計人員來幫你做事。但是即使你找人來做，如果你自己不懂，或懂得很粗淺，那很有可能你根本不知道程式設計可以怎麼幫助你的生意，它又怎麼能為你準備發展的一個服裝系列打出知名度。那你就得去僱另一組人來幫你規畫與分析如何以軟體來帶動你的生意，這就更難了。

尤其是在剛起步的時候，你很可能沒有資金去聘用這許多專業的人，到了最後，你會放棄掉這個想頭，以最傳統的方式來經營你的生意或做你的工作。但這就變成在大家都開汽車的時代，你還在拉牛車，你會失去所有的競爭力，到最後還是無法生存。這一連串的事件已經正在現在這個社會發生中，只是一般人不容易看得明白；在未來的社會，這樣的趨勢將會愈來愈清楚。

當然，如果你覺得我在危言聳聽，也可以不予理會，做一個完全不會寫程式的人。你不會活不下去，只是會比較辛苦，而且甚至連為什麼會比較辛苦，自己都弄不明白。我可以告訴你，會活得辛苦，是因為你不懂程式設計。怎麼說？程式設計不是單純的一件事，它是一串事，如果你長期學程式設計，你不會把自己好不容易學來的技術供在那裏不去用它，你會想要拿它來做什麼，你可能會做個網頁，宣傳你的生意；你可能會做個軟體工具，那是你工作需要的東西；你更有可能會開發一個產品或應用程式（App）。

要做這些事，你就會追蹤注意科技的發展，尤其是去了解科技和你的專業以及你的生活的相關性。換句話說，你的雷達會持續掃描科技在如何影響你所生存的世界，你會看到更多的機會。這一切，將會加大你與不懂程式的人之間的差距。不懂程式設計的人，在這一代可能問題不大，但是我說未來這樣的人將會愈發辛苦，就是這個原因。

可是就像學鋼琴，小提琴或任何其他技能，**程式設計需要長期的學習，沾醬油式的淺嘗，可以說一點意義都沒有**。學習的過程不是一條直線，而是一條曲線，像溜滑梯一樣，只是這個滑梯的玩法不是由上往下溜，而是由下往上爬，爬到某一個點，如果不再上去，就得往下溜，前功就得盡棄。所以說學如逆水行舟，不進則退，就是在說這個道理。但是這個原理淺顯易懂，還需要說嗎？

學習的承諾和投入

有些家長會說，「讓小孩子試試看，看他喜不喜歡（學程式設計）」。言下之意是如果他不喜歡，就不必學了。這話聽起來很正常，也很民主，讓小孩自己決定。但是從來沒聽過家長帶小孩到學校註冊的時候說，「讓小孩試試看英文課（或數學課、國文課），看他喜不喜歡」。為什麼會這樣？當然是因為家長知道數學、語言這些科目是小孩必須學的，要不然到學校做什麼？問題是，**程式設計就是和數學、語言同樣的一門必修課，它的重要性有過之而無不及。**

著名激勵演說家Tony Robbins說，「如果想要有能持久的改變，**你必須要拋棄這種『試試看』的想法。你必須要決定你要commit-to-mastery（做到全盤掌握）。**」大多數的人只是淺嘗（Dabble）。他們說：「我想要改變我的體態」，或者說，「我想要關係好一點」。這些人缺乏賴以持續努力的細節。

Dabble這個字用得非常好，它的意思就是試試看、淺嘗即止，一隻腳在裏面，另一隻腳已經在外面。還沒開始做，已經準備Exit（離開）。Dabble可以有讓你要做的是產生奇妙化學變化的神力，它保證讓你做出來事是半吊子，到最後一事無成，白白耗費自己和別人的時間。Dabble的反義字就是Commit。Commit一般的翻譯叫做承諾或保證，但是那完全沒有說出Commit是什麼。它是用一種義無反顧，絕不動搖，堅定的信念和決心，要把一件事情做成、做好、做滿，不達目的，絕不中止的精神。Commit to Mastery是說不到完全學通，不會放棄。小孩學程式設計，或學任何東西，如果只是Dabble，不Commit，那可以預見是不會有任何結果的。

如果程式設計那麼重要，那為什麼學校還沒有把它列入正式的課程裏？答案是，這有許多原因。學校教育是個大機器，要它加入一個新課程，必須要考慮到許許多多的事，舉凡經費、預算、師資、教材、時間分配等等皆是。它的啟動沒那麼敏捷，更何況茲事體大，行政、立法的程序等等，還不提需要形成共識，要說服許多保守的反對勢力，沒有一件事不是曠日廢時的工程。

更何況，要確認一個新科目的加入，保守的教育界難道不會要先觀察一陣子，而這一陣子就要好幾年。如果說程式設計的學習是個大海嘯的話，它必須等到巨浪打到內陸來，所有人都看到了，共識才會形成，這個時候才能開始找對策。等找到對策，開始執行時，海嘯已過，我們早已共同在承受海嘯造成的損失；到時候，什麼政策都只是後見之明，於事無補了。

看得懂形勢的家長不能等到那一天到來再來因應，更要理解，程式設計的學習需要長時間的投入，沾醬油式的淺嘗不如不學。我聽朋友說過一個小故事：有一個人喟嘆打高爾夫球看似愜意，其實一點都不好玩，打球的過程充滿了挫折感。想想看，來來回回的在球道上打，好不容易把球打上果嶺了，這可是另一個惡夢的開始，本來兩、三桿可以推進動的球，偏偏過猶不及，硬是推了十來桿才進去。

打球的同伴剛開始還禮貌在旁一面加油，一面等候；後來就連禮節也不顧，開始批評起來，再不然就揮揮衣袖，不好意思我先走了。最後連打電話找他打球都找不到人，世態炎涼，連打個球都要看盡人的嘴臉。

朋友最後做結論說：「會打高爾夫球的人才會覺得高爾夫球好玩。」這話究竟是頗富禪理還是廢話一句，由你自己決定。我要說的是，學程式設計也是如此，它會給你極大的威力和回報，但你得先付出長期的Commitment（承諾和投入）和長時間的努力，這中間有趣味也有艱苦，這和學其他技術並沒有太大的不同。**最重要的，要有Commitment，意思是說，要下個決心，決定去做這件事，努力去做，堅持不懈，長期的耕耘之後，甘甜的收穫和回報就會來到。**

如果你是剛成年的年輕人，你自己可以做決定，事情比較單純一點。你只要想清楚你的人生方向，決定這件事是不是你想做的，如果答案是肯定的，那就沒有什麼東西可以擋得住你，你的成功有一天一定會來。如果你是熟齡的成人，你可能是四十歲到七十、八十歲的人，聽我的勸，把自己當三十歲去思考，學程式設計不一定只能當興趣，你可以轉業或當副業，就像亨利・福特講的，「你行，你不行，你怎麼講都對。」你認為你行，你就一定可以做到，不要讓年齡限制了你。

如果你是為人父母者，除了決定自己的前程外，手裏還掌有決定孩子未來前途的生殺之權。決定自己的事容易，但決定別人——自己的孩子也是別人——的前途就是一件需要非常謹慎的事。不但要慎重，而且要了解到自己的限制——自己的能力、個性、視野、生活經驗、人生體驗等等——不能剛愎用事，要和子女充分溝通，取得共識和調校

（alignment）之後，讓小孩自己想要去學程式設計。

然後，找一個正確的地方，讓他長期學習，這會是改變他人生的一個重大決定。一開始的Commitment和慎重將事的態度，可以幫助他在學習程式的路上走得更順利一點。另外要特別說明的一點是，父母絕對不要單方面決定要小孩去學程式，就像許多父母要小孩去學琴一樣，孩子根本就不喜歡，也沒那個自發動機，父母除了接送之外，回家還要催小孩練琴，對自己，對小孩（如果他沒興趣，要人催的話）都是很受罪的事。

我的意思是說，父母當然也不是讓孩子自己決定有沒有興趣學程式。程式設計和數學、英文一樣，是一定要學的，也一定要有興趣。如果老師或父母沒有給小孩負面教導，小孩子沒有理由對數學、英文、程式會沒有興趣。**只要我們知道怎樣保持他們原本的好奇心和學習熱情，沒有興趣這件事根本不存在。**我說的負面教導可能來自某一位老師的話，可能來自父母的觀念，也有可能來自一些不正確的人講的謬誤之語。總之，小孩子是很敏感的，錯誤的學習場域或教法、觀念都有可能斲傷他學習的興趣和動機，大人們不可不慎。

學程式不是一蹴可及

我們在什麼書都有的網路書店裏找不到「21天學通天文物理」或「24小時貫通微積分」這樣的書名，但是隨便搜尋，到處可見「21小時學會C++」或「24小時弄通Python」這類的教程式語言的書。

我不是在批評這些書用一些聳動的書名來誤導讀者，因為事實上，如果說我們拿歷史方面的書籍來舉例，「人類的歷史」可以是二十本精裝巨冊的一套書，也可以是一本四百五十頁的書；如果省略掉許多細節，專注在大綱式的重點介紹，一本一百五十頁的人類史也可以給讀者一個清楚明白的介紹；端看作者的企圖和寫法，所以這類書的書名沒什麼好批評，重點是書的目標讀者是誰，介紹的容不容易理解，這才是重要的事。

所以書名不是太大的問題，我擔心的是，不懂的學生可能得到錯誤的想法，認為他二十一天，甚至二十四小時就真的可以「貫通」某一種程式語言或某一個程式的專題。

實話是「貫通」有許多層次，比如說，打棒球的孩子，比起不打球的小孩，不管是投或打，你也可以說他貫通了；但是少棒選手和成人職業棒球選手相比，只能說剛入了點門，說貫通，連邊都談不上。但是即使是職業球員，球技可以精進的地方還非常多，也就是說，永遠沒有真正貫通的時候，永遠都要不停的學習。

程式設計的學習也是如此，學了一週的Python，學會寫一個簡單的電玩遊戲，自娛娛人，也可以頗有成就感，但這只是起頭。Python是個專業工具，可以有學不完的內容，寫不完的Project，學習是沒有句點的。而Python只是程式設計眾多語言裏面的一種，光是程式語言就多得學不完（也沒有必要什麼語言都學），但這還只是程式語言，佔整個電腦科學（Computer Science）要學的東西，還只佔一部分。

說了半天，我要說的濃縮成一句話，那就是：學程式設計，學電腦科學，有太多太多的學問可以學，和數學、物理、生物等學門一樣，可以是終身的志業。如果不把它當成未來主要吃飯的傢伙，也至少要學到某個層級。至於學到多深，端看每個人自己的狀況，將來從事什麼行業，甚至是那個行業的哪一個分支，都會影響到這個問題的答案。

比如說將來從事醫學研究，那麼程式設計的技能很有可能和醫學研究結合在一起，也就是跨領域的研究，那麼程式設計就有許許多多的技術可以貢獻，程式設計鑽研得愈深，對醫學研究的助益就愈大。

就算不以程式設計為專業，當你學到某一個程度，你肯定會把它應用在你的工作及生活上，那你就必須要一面做，一面繼續學習，永遠沒有停止的一天。這就是我要傳達的觀念：**學電腦程式，一直學，一直用，變成終身的技能。**

Drag-n-Drop的視覺程式

我們說過，不管是什麼年紀的人，強烈建議由Drag-n-Drop的視覺程式學起。我們提到Scratch和ScratchJr，這些只是視覺程式工具的一部分，前面還提過許多常用的視覺程式。這些工具看似相同，但是對學習者來說，可以有機會在不同的環境之下去體會視覺程式的原理，這對年紀較小的孩子來說，是一個可以讓學習深化難得的機會，如果在這裏去逼孩子的進度，是一件很不智的事。

Unplug

初學者除了視覺程式設計之外，還有一個非常棒的學程式設計的方法，那就是不用電腦學習程式設計，我們叫它做Unplug（不插電）的學習法。因為不使用電腦，Unplug就像練唱歌把伴奏的音樂拿掉一樣，這時候學唱歌者的聲音就可以聽得特別清楚，聲音裏的瑕疵、走音、音長不對等等問題，就像用放大鏡看東西一樣，逃不掉聽者的耳朵。同樣的，用Unplug的學習法，電腦程式設計的原理是什麼，到底在做什麼，怎麼做，因為沒有了聲光、顏色，反而看得非常清楚。

我個人覺得這是一套非常棒的學程式的方式，因此我們發展了幾套Unplug的教材，讓小孩子甚至大半個學期都能用大腦和身體（因為要實際上用物體或紙筆來執行指令）去體會出原來電腦程式是這麼一回事。我認為，Unplug的功能是被低估了，我建議大人也一定要來試試Unplug的課程，為了讓成人們看看Unplug是什麼，讓我在這裡舉個Unplug的例子，這個Unplug的教材是由EDUx製作的。

換球遊戲

在玩這個遊戲之前，讓我們先認識兩個字：第一個字是Algorithm（演算法），就是做一件事情的步驟，當你把完成一個任務（Task）的步驟一步步的寫下來，讓別人可以跟著步驟走，完成同樣的任務，那就是Algorithm的意思。

第二個字是Program（程式），指的是把步驟（就是Algorithm），用電腦可以理解的程式或符號寫下來，在電腦裏執行，以完成任務，這叫做Program。

我們現在就來玩「換球遊戲」，然後實地操作，了解實際上如何使用Algorithm和Program。

遊戲規則是，紅球或藍球每一步只能往左或往右移一格，或者是跨過一顆球，往左或往右移一格。

1.先由第一個遊戲開始（圖一）。

你的任務是把紅球和藍球的位置互換。

步驟：①將紅球往右邊移一格（紅球：0→1）

②將藍球跳過紅球，往左移一格（藍球：2→0）

③將紅球往右移一格（紅球：1→2），任務完成。

所以我們完成紅球與藍球互換這個任務的Algorithm如下：

①0→1②2→0③1→2。

	0	1	2
起始	R		B
① 0→1		R	B
② 2→0	B	R	
③ 1→2	B		R

R代表紅球　B代表藍球

圖一

現在請你的朋友，根據你的Algorithm來操作，看看他是否可以完成同樣的任務。如果別人照著做，也可以得到同樣的結果，那麼電腦也可以複製步驟，得到相同的結果。這說明了電腦是如何Program的。

2.接下來試試稍微複雜的遊戲（圖二）。同樣是紅球和藍球互換，但現在換成兩顆紅球，兩顆藍球，佔了五格的空間。請先試試看你自己做一遍，然後參考以下的步驟：

①1→2（紅球往右移一格，由位置1移至位置2）
②3→1（藍球由位置3移至位置1）
③2→3（紅球由位置2移至位置3）
④0→2（紅球由0移至2）
⑤1→0（紅球由1移至0）
⑥2→1（藍球由2移至1）
⑦4→2（紅球由4移至2）
⑧3→4（藍球由3移至4）
⑨1→3（藍球由1移至3）

⑩2→1（紅球由2移至1），任務完成。

完成二個紅球、二個藍球位置互換任務的Algorithm如下：

①1→2；②3→1；③2→3；④0→2；⑤1→0；⑥2→1；⑦4→2；⑧3→4；⑨1→3；⑩2→1。這十個步驟的Algorithm，可以交給任何人，按照Algorithm去執行，都會得到相同的效果，這就是Algorithm的威力。

	0	1	2	3	4
起始	R	R		B	B
① 1→2	R		R	B	B
② 3→1	R	B	R		B
③ 2→3	R	B		R	B
④ 0→2		B	R	R	B
⑤ 1→0	B		R	R	B
⑥ 2→1	B	R		R	B
⑦ 4→2	B	R	B	R	
⑧ 3→4	B	R	B		R
⑨ 1→3	B		B	R	R
⑩ 2→1	B	B		R	R

R代表紅球 B代表藍球

圖二

Unplug的操作練習，可以讓小孩子不使用電腦，也可以理解由Algorithm到Program是怎麼一回事，小孩可以慢慢對程式設計的精神有更深一層的了解，這個理解的過程是很寶貴、很重要的。

視覺設計工具和Unplug教材的學習，能幫孩子奠立很好的程式設計學習的基礎。接下來，就可以帶著充分的準備和充足的信心，正式步入電腦程式設計的殿堂。

PART V

進階程式語言

CHAPTER 9
程式語言總覽

下一個問題是：要由什麼程式語言開始學？對成人來說，這個問題的答案在於你想做什麼。每個程式語言的應用範疇不同，能做什麼也不同，了解程式語言的差別之後，你會知道你要學的是什麼。

對於孩子來說，不管是國小、國中或高中的孩子，我們在台灣有了幾年的實際教程式設計的經驗之後，有相當清楚的想法，我會在下面的程式語言介紹裏再加說明。

現在，讓我們以精簡的方式來看幾個最常用的程式語言。首先，程式語言可以區分成兩種。第一種叫做Dynamic Languages（動態語言），也可以叫做Dynamically Typed Language（動態類型語言）；另一種則叫做Statically Typed Language（靜態類型語言）。

動態語言程式

動態語言通常是一種比較高階的語言（High Level Languages），所謂高階語言，並不是說比較高級或比較進階，而是說它比較像我們平日在用的自然語言（Natural Language），它是相對於機器語言（Machine Language）說的，所謂機器語言指的是機器可以看懂的電腦語言，它是低階的（Low Level Languages），意思是和我們平日的語言很不相像的，Assembly就是低階語言的一個例子。

高階語言既然比較像是我們平日在用的語言，自然有比較易學、易懂的特性。它們的結構，包括文法、句法等的要求也比較不嚴格，意思是這樣說也行，那樣說也懂，而且程式也相對簡潔，初學者要做什麼Project，也比較容易做出成績。所以動態語言的好處多多，絕對是入門程式設計的首選。

現在簡單介紹一下有那些語言是屬於動態語言。

一、Python

在美國大學裏，最常用的語言就是Python。不只是電腦工程，在數理科學研究，生物資訊（Bioinformatics）、資料處理、大數據等，都經常用到Python。

Python是一種伺服器端（Server-side）的Scripting Language，意思是說，用Python寫

出來的程式通常是在伺服器端執行，然後它的程式執行方式是一行一行的讀取、解釋（Interpret，指程式去了解你在寫什麼的過程）後執行。

Scripting Languages指的是高階語言，執行是經由解釋的程序後執行。相對於較低階的語言，寫出來的程式碼無法直接解釋後執行，必須經由編譯器（Compiler）把程式編譯（Compile）成執行檔案（Executable Files）後才能執行。所以，Scripting語言相對的好用方便，而Python又是Scripting語言裏最簡單易學，而且有大用處的語言，也是我們建議學習者在視覺程式和Unplug之後，可以最先學的正式程式語言。

Python的用處很大，它可以用在網頁開發（Web Development），可以製作電玩遊戲，可以開發桌面的GUI（Graphic User Interface，圖形用戶介面），以及許多的軟體開發。它除了易學好用之外，優點還有強大的Library功能，可以延伸程式的威力，適合物聯網的開發。

Python的缺點是速度較慢（這是Scripting語言都有的問題），不適合手機程式的開發，另外因為它是動態類型，所以在開發時，需要較多的測試時間。不過Python有的這些問題，幾乎都是動態語言共有的先天性限制，可以說它的優點也正是它的缺點。

以Python開發出來的程式包括Pinterest、Reddit、Dropbox、Youtube、Spotify、Instagram等知名的產品，它也是Google正式的語言之一。

二〇一四年一篇刊在Communication of the ACM部落格的報告說，美國排名前十大的電腦科系裏有八所大學（百分之八十），前三十九大電腦科系裏有二十七所大學（百分之六十九），都使用Python作為大一入門電腦課程的程式語言。

Python另一個大優點是在網路上有關Python學習的資源與相關文件非常的多，Python有一個很大的社群，不論程度高低、初學或進階，學習Python絕不會感到孤單。

另外，初學者由Python開始，除了簡單易學之外，還可以為未來學習C++、JavaScript等語言打下一個好基礎。最後，對Python程式設計師的需求成長率非常高，無論從那個角度看，學Python都是非常划算的投資。

二、JavaScript

Java和JavaScript名字有部分重複，但它們是完全不同的語言。JavaScript是Client-side（用戶端）的一種Scripting語言，主要用在前端（Frontend）的程式開發。

所謂前端，是相對於後端（Backend）開發說的。前端指的是網頁開發中用戶所看到的那一部分，包括網頁裏的頁面編排、字型、顏色、整體設計、按鈕、Dropdown Menu、Slider、表格或其他美術設計等，所有眼見所及的都屬於前端所做出來的。

由此看來，前端可再分成兩部分，一部分是網頁的設計，通常由平面設計的專業人員負責，他們使用的工具大約是Photoshop及Illustrator之類的軟體。另外的一部分是網頁的開發，由程式設計人員負責，他們使用的工具主要是HTML、CSS、JavaScript、JQuery（JavaScript的Library，延伸JavaScript的功能）。

不過這兩部分的界線有愈來愈模糊的傾向，平面設計的人開始會使用HTML、CSS、甚至JavaScript的人愈來愈多，也就是說，網頁設計的人也學開始程式設計，把這個前端的程序一手包辦了。前端的程式設計師如果要保有領先的地位，就必須對程式語言的使用鑽研得更深入，以免有朝一日工作被其他許多學平面設計的人搶走。

前端開發出來的頁面通常包括許多用戶和網頁的互動。舉例來說，你上網買球賽或演唱會的門票，填入個人資料（姓名、地址、信用卡等），按下Submit（提交）的按鈕。這個時候，後端的程式就接手處理這些資料。後端包括三個部分：伺服器（Server）、程式開發，以及資料庫（Database）。

後端的程式將客戶資料存入伺服器裏的資料庫，以供未來存取之用。後端的程式工程師使用的工具包括PHP、Ruby、Python等，除此之外，他們還使用像Ruby on Rails、CakePHP等Framework來協助讓後端程式開發更迅速或更容易。所以我們可以看到，前端和後端的合作無間，使得用戶上網處理事情的經驗更順利。

任何初學程式的人，都應該了解前後端的分別，我們在討論軟體開發時，也必須要弄明白，彼此所指的是前端還是後端，這樣在合作時，才不會變成雞同鴨講的狀況。

JavaScript通常用來開發互動的網頁，它所使用的Library有JQuery、AngularJS、React等Framework。JavaScript並不難學，而且應用範圍很大，它寫出的軟體可以用在各種瀏覽器上。

JavaScript的優點除了相對易學之外，又因為它是用戶端的程式，執行時不必經過伺服器，因此速度快，再加上它的程式碼可以插入網頁任何部分，和PHP、SSI等合作也容易，是一種彈性大、應用範圍廣的語言。

因為是在用戶端執行，因此JavaScript的缺點是安全性較差。它的另一個缺點還是與它是用戶端的語言有關，那就是它在不同的瀏覽器上可能有不同的表現，執行結果會有點難以預估。但是無論如何，如果要做互動的網頁或動態式的改變網頁內容，那就非用JavaScript不可。

JavaScript在一九九五年由Netscape發展出來，幾乎所有的網站在前端都使用JavaScript。後端使用JavaScript者，則包括Yahoo、eBay、LinkedIn、Wordpress等知名網站。

三、PHP

PHP是伺服器端（Server-Side）的Scripting Language，主要用在網頁開發上，但也可以當成一般的程式設計語言使用。PHP可以用來收集表格上的資訊；打開、讀、寫、關閉伺服器上的檔案；送出和接收Cookies；修改資料庫上的資料；輸出HTML或影像檔；資料加密等；用處非常廣，這是PHP的優點之一。另外，PHP的使用者社群也非常大，初學者不必擔心碰到無法解答的問題。它還能處理資料庫、檔案系統等，可以說是一種人人必學的語言。

四、Ruby

因為Ruby讀起來像英文，所以非常適合初學者當成第一個程式語言來學習。Ruby可以用在網站的開發，製作網頁的應用程式、桌面的GUI等。Ruby最常被提到的缺點是速度慢，說明文件比較少。Ruby的好處則是易學外，它有許多Library工具可以增強它的功能，也因為Ruby的功能性高，它同時也有個很大的使用者社群，不管是學習或專業的軟體開發，都有許多的支援。

Airbnb、Hulu、Groupon、Slideshare等都是使用Ruby或Ruby on Rails做為開發的工具。Ruby on Rails，簡稱Rails，是一個Ruby程式語言寫出來的Framework，讓Ruby的使用更方便，更具威力。

靜態程式語言

接下來讓我們來看看靜態程式語言。靜態語言比較嚴格，格式宣告錯誤會被程式抓出來，因此寫程式時必須特別小心。同時，靜態語言做同一件事時，程式碼會比動態語言長，但是它的好處是擴展性高（Scalable）、穩定、容易維護。屬於靜態的程式語言有：

五、Java

Java的應用非常的廣，百分之九十以上的大公司用Java來做後端的開發。Java也用在Android系統的應用程式（Apps）以及遊戲軟體的開發。我們常下載一些軟體，必須用到Java Runtime才能顯示，我們的瀏覽器內也常安裝有Java的Plugin，所以Java可以說是每個人上網天天會碰到的東西，學程式的人不能不學Java。但是Java也有它討厭的地方：

1. 它不好學（當然也不是最難的）；
2. 它佔用大量的記憶空間；
3. 它剛開始啟動的速度很慢。

但是不管怎樣，Java的好處是它需求的人才量很驚人，任何程式設計人才，只要熟悉Java，到那裏都能左右逢源，有做不完的工作在等著你。

Android的作業系統，有名的Minecraft、Google的Gmail等，都是以Java為工具開發出來的。史丹佛大學著名的Intro to CS Programming（電腦程式初階）課程，所採用的語言就是Java。學了Java，可以學到物件導向程式（Object-Oriented Programming，簡稱OOP）的原理，對以後學C++等其他物件導向語言，有很大的助益。

六、C

C應該說是所有程式語言的基礎，它影響了幾乎所有其他的程式語言。如果要談專業，一定要會C；因此C好像是程式設計工程師的共通語言。

C雖然不合適當作初學者的第一個程式語言，但是因為許多程式語言本身就是用C寫出來的，因此學了C之後，學其他語言都不會有太大的困難。C用在軟體開發，作業系統，以及硬體開發上，許多微處理器（Microprocessor）就常植入C寫的軟體在內。

C還有另一個好處是它非常的Portable，意思是C寫的程式幾乎不用修改就能用在各種不同的平台上，Linux作業系統就是用C寫出來的。

七、C++

C++是以C為基礎發展出來的一個語言，它是C的Superset（超集合），意思是說它包括C語言所有的功能和特色，也包括C所沒有的，其中最重要的一點是C++是物件導向程式語言。

OOP

OOP是一種程式語言的模式，它強調的是Objects（物件）和Data（數據、資料）；而傳統的程式概念強調的是邏輯的程序，輸入資料後，程式處理資料，再輸出結果；它的重點是程序和邏輯，這是傳統程式和OOP最大的不同。OOP的作法是先找出我們要處理的物件，這個物件可以是一個人、一條狗、電視機、滑鼠，或任何你想用程式來處理的東西，在OOP裏，我們關心的是這些物件的兩個特性：它的State（狀態）和Behavior（行為）。

舉例來說，一條狗的State可能是它屬於哪一種狗、狗的名字、公狗還是母狗、牠的毛色等；牠的Behavior可能是在搖尾巴、在吃東西、在吠；一架收音機的State可以是關著、開著、在哪一個頻道、聲音大小等；它的Behavior可以是打開、關閉、轉頻道、調音量；軟體裏的物件和日常生活的物件類似，也有不同的State和Behavior。物件找出後，我們就根據它的性質，把物體歸屬於不同的Class。

程式用Fields或Variables（變數）來儲存物件的State，用Functions等方式來表達物件的Behavior，這個我們叫Methods（辦法）或Procedures（程序），Methods或Procedures是在OOP裏操作物件和資料的方法。

OOP以物件為導向處理方式有很多優點：

1. 模組化（Modularity）。處理某個物件的程式可以獨立於其他程式碼之外，也可以放在程式其他地方自由使用。

2. 資料隱藏性（Data Hiding）。因為一個Class定義某種特定的物件，程式在處理這個Class的物件時，不會去碰到其他Class的物件，這叫Data Hiding，它增加了整個系統的安全性。

3. 程式碼可多次使用（Code Reuse）。Class定義後，不只能用於同一個程式中，也可以拿到其他的OOP去用。

4. 可插性（Pluggability）。如果程式中某個物件出了問題，只要刪除那個物件的程式，代之以新的物件程式，其他的程式並不受影響，這使得除錯（Debugging）變得更容易。

這些因素造成了OOP語言的威力。除了C++之外，Java、Python、Ruby、Visual Basic、.NET都屬於OOP程式語言。

C++是非常具威力的語言，它在一九八三年由Bjarne Stroustrup開發出來。做為發展系統軟體之用。但後來也用在遊戲引擎、行動應用程式、網頁程式開發之用。C++的好處是一旦上手之後，功力會增強許多，沒有人能被歸類為程式高手而卻不會C++的，因此C++雖然不易學，但能學會用它卻會帶來很大的成就感。

C++的頭號缺點當然是難學，另一個缺點則是程式的體積很大，不同功能之間的互動複雜。C++功能強大，沒有人用到C++提供的所有功能。Adobe的軟體、Chrome瀏覽器、Amazon、Paypal都是用C++寫出來的。

八、C#

C#的讀法是C-Sharp，它的主要開發者是在Microsoft公司任職的Anders Hejlsberg，原來發展C#的目的是要用在微軟的.NET Framework上，在微軟的Windows上執行。但後來還用在網頁開發、遊戲軟體、企業應用配件等，是一個功能強大、應用範圍廣的程式語言。

C#的優點是它能和.NET Library完全整合（fully-integrated），享有強大的支援和功能性。不過這也是它的缺點，它開發的軟體無法具有跨平台的功能。C#是以C為基礎發展出來的，因此學了它，再來學Java、Objective C、PHP、C++都可以派上用場。另外，專業的領域對C#的需求性很高，C#的人才可說到處都需要。Evernote、Stackoverflow都是由C#做出來的。

九、SQL

SQL是Structured Query Language（結構化查詢語言）的縮寫。有人懷疑SQL到底是不是一種程式語言?·SQL當然是，它的名字裏就有「語言」這個詞。不過，SQL的作用限於管理Rational Database Manage Systems（關聯式資料庫管理系統，簡稱RDMS）裏的資料，它確實和Java、C++這一類的程式語言不同。SQL是屬於所謂的第四代程式語言（4GL）之列，而Java、C++相對的則屬第三代程式語言（3GLs）。4GLs是比3GLs更高階、更像自然語言的程式語言，通常用來在資料庫裏存取資料之用。

十、Objective C/ Swift

Objective C是由C發展出來，專門用在開發蘋果電腦的macOS及iOS的作業系統及其應用程式介面（Application Programming Interface，簡稱API）。因為Objective C是開發來用在Cocoa程式Framework使用，因此它的好處是可以用到所有蘋果電腦的程式開發Library。缺點則是不易學，而且開發的應用程式只能用於蘋果電腦的作業系統下及其App，不能用在如Android等平台上。

Swift是由蘋果電腦開發的程式語言，它還是用在Cocoa及Cocoa Touch Frameworks上，但是它改良了Objective C的缺點，Swift比Objective C安全，而且簡易；它使用Objective C的Runtime Library，意思是說C、C++、Objective C、Swift這些語言所有的程式都可以放在同一個程式裏執行。

未來的趨勢是，Swift將完全取代Objective C，因為比起Objective C，Swift的優點多太多：Swift的程式短，簡單易讀，容易維護，執行快速，記憶體管理系統良好（在Objective C，這是寫程式者的責任；Swift則自行負擔記憶體管理的工作）；最後，Swift還有發展改進的空間，但Objective C改變的空間很小。

因為這些理由，要在蘋果的iOS、macOS、watchOS、tvOS上發展的應用程式，最好採取Swift，這件事沒有什麼好猶豫的。

我們由動態程式語言談起，介紹Python、JavaScript、PHP、Ruby，以及Ruby on Rails。接著我們談到靜態程式語言，檢視了Java、C、C++、C#等語言；然後我們談到SQL是處理資料庫的語言；Objective C和Swift是開發iOS應用程式的語言。

HTML和CSS

現在，讓我們探索一下兩種重要的非程式語言，但近似程式語言的東西：HTML和CSS。HTML是HyperText Markup Language（超文字標記語言）的縮寫，它不是一種程式語言，它用HTML Tags（標籤）來定義網頁的資料和文字顯示的方式，瀏覽器讀取HTML之後，決定要如何顯示網頁的頁面，用戶看到的網頁就是這樣來的。

舉個例子來說，隨便打開一個網頁來看，你會看到文字的大標、小標、內文，也會看到文字的段落、段落之間的空間、文字的顏色、圖片顯示的位置、大小，背景的顏色及大小、形狀等，也就是說，所有你眼睛看到的樣子，都是由HTML所決定的。

HTML是一個Markup Language（標記語言），意思是它只「加添」了某些風味，並沒有傳統程式的特性和目的；它沒有邏輯，不能處理迴路，沒有辦法做計算，沒有變數，也沒有Functions、Procedures這些東西；它也不處理或修改資料，程式語言的特徵它都缺乏。因此HTML可以說是一種語言，但不能稱它是一種程式語言。

話雖如此，網頁如果沒有HTML，就無法呈現出我們現在看到的樣子，因此說HTML很重要，會HTML是很重要的技能，絕對是事實。

那麼CSS是什麼，它有什麼重要性？CSS是Cascading Style Sheet的縮寫。CSS是用於宣告網頁的文字字型、字體大小、粗體、斜體或底線（Underlined）、頁面的文字排列方式（單欄、雙欄或多欄）、背景等等。

這樣聽起來，好像CSS可以做的事，HTML就可以做了，為什麼還需要用CSS？原因是HTML來做可以，可是網頁的程式會很複雜、很亂；用CSS來做，不管是思路或外觀都會很清楚。

舉例來說，HTML的標籤〈h1〉〈/h1〉用來定義標題（Headers），只要放在這一對標籤內的文字都會被當成標題，會有標題預設的大小、字型等。當然，如果你不滿意，可以在裏面修改，你可以用〈font〉〈/font〉標籤來改變字型等，當整個網頁都是如此時，程式會變得很亂，這種方式顯然很沒效率。

更糟的是，當你想改變字型時，得跑到整份文件中的每一個Header去改，如果文件很大的話，這幾乎是不可能的事。不管怎樣，這種方式至少是一件很沒效率的事。這就是為什麼要用CSS的原因。像這種情形，我們只要用CSS來定義h1使用什麼字型，大小如何（h1{font-face: san-serif; font-size: 12pt;），之後你便可以在任何地方插入〈h1〉的標籤，每次都會顯示出12pt的san-serif字型。如果想改動，只要在CSS h1的定義中更動，所有用到

〈h1〉的地方都會同時更改，這就是CSS的作用。

CSS的妙用還不僅於此，你可以把Style Sheet存在一個檔案裏，然後在文件裏以一個〈Link〉的標籤把Style Sheet載入。這樣做的好處是，整個網站所有的文件都能有同樣的Style，要修改時，只要改Style Sheet，網站所有頁面都會跟著一起更動，這真是太棒的一件事了。

但是CSS也還是有它的問題，就是有些舊版的瀏覽器並不支援CSS，無法顯示出正確頁面的樣子，寫程式的人這個時候只好想其他的變通方式來照顧那些使用舊版瀏覽器的人。但是這種情形隨著使用舊瀏覽器者的減少，也變得不那麼嚴重了。

HTML和CSS兩者都不是程式語言，但是兩者都是用來指定網頁顯示樣貌的工具，只要是會程式語言的人，幾乎不能不會HTML和CSS。就算是不做程式設計的人，至少也要會HTML和CSS。可以修改或維護自己的網站或部落格，對一個現代人來講，這是最簡單、也最基本的事，更是最值得投資寶貴時間的事。

如何製作iOS的App

另外一個學生和家長常問到的問題是，想要學iOS的App製作，要如何開始？蘋果電腦的App Store裏有超過二百萬個不同種類、不同性質的App，是一個非常熱鬧的市場，裏面有各種各樣的學習和娛樂的App。最熱門的有Minecraft: Pocket、Heads Up、NBA等遊戲。

我個人覺得App Store是特別適合小孩發揮創意的地方，不管是免費或付費的App，如果做出來的App，能得到許多用戶的喜愛，那就是一件很令人興奮的事。所以我們特別鼓勵小孩學程式後，製作出App，上架到App Store，看看使用者的反應如何。

要做iOS的App，牽涉到三樣東西，那就是XCode、Swift，及iOS SDK。

XCode是Apple發展iOS或Mac App的IDE（Integrated Development Environment）。IDE，即「整合性開發環境」，意思是做軟體開發時所需用到的工具，經過整合之後，放在一起，形成使用者方便的工作環境。IDE通常包括了Code Editor（寫程式的文字處理器）、Compiler（程式編輯器）或Interpreter（程式直譯器），以及Debugger（程式除錯工具），用戶經由一個統一的Graphical User Interface（圖形用戶介面）來使用這些工具。

寫iOS的App，要會的第一件事就是要熟悉Apple的XCode。Apple在https://developer.apple.com 提供了詳細的說明，怎麼下載，怎麼安裝，怎麼開始使用，Apple都準備了充足的文件和詳細的說明，開發者只要有耐心去讀懂文件，製作App的一路上都不會孤單。

除了XCode之外，開發App的第二樣必要組件就是Swift。前面提過Swift是Apple發展出來的程式語言，如果有其他程式語言的經驗，學Swift不難；但如果從來沒有學過程式設計，我不建議將Swift做為第一個學習的程式設計語言。不過，這還要看使用者個人的成熟度和學習的決心有多強，才能做最後論斷。

第三樣是iOS SDK。SDK是Software Development Kit（軟體開發套件），它包括Apple最新的API和服務。API代表Application Programming Interface（應用程式介面），指的是軟體業者所制定的一組程式指令和標準，以便寫程式的人據以開發出與其產品接軌的應用軟體。比如說，Apple釋出它的API，寫App的人就可以按照Apple的API標準和規格，去製作它的App，而這些App就用到Apple所提供的例如iMessages、Siri、Maps等服務。這在前面提供的Apple開發者網頁也有清楚的說明。

除了Apple自己的網站外，Internet上也有許多有用的資源，其中包括史丹佛大學非常有用且免費的iOS App開發課程。當然，網上的資源良莠不齊，初學者如果沒有好的指導老師，光是挑選合適的學習材料，有時就很有挫折感。

前述內容還沒觸到Apple在App的開發上，有很多嚴格的規定和Guidelines（指南）。要開發iOS App的人，就得耐心跟著它的規定走，設計有設計的Guideline，等到審核時有審核的Guideline，規定雖然多如牛毛，但是Apple都提供了詳細的說明，製作App的人只要詳讀那些文件，App最後一定能上架。

閱讀能力與英文能力

說到這裏，容我打個岔，提一下閱讀能力的重要性。對程式設計者來說，如果閱讀能力不強，那會是一件很累人的事，因為有太多太多的東西要讀，寫程式的人必須養成快速閱讀，又能抓到重點的能力。這種能力需要自小長期培養，如果沒有從小就養成消化大部頭資料的能力，那麼不要說寫程式，學任何新知識，恐怕都有困難。

所以小孩閱讀能力的培養也可以說是一切學問的根本。就程式設計的學習來講，大部分資料都是英文，所以我在談的是英文閱讀能力；這對非以英語為母語的人來講，又多了一層困難。事實上，從介面開始，程式語言本身所使用的手冊及其他教材，很多時候根本只有英文可看。所以在程式設計語言學習上，看不懂英文，根本寸步難行，所以除了從小就把英文學好之外，似乎也沒有其他辦法。

當然，學英文並不是只能用在程式語言的學習上，好的英文能力可以說是學習每一樣知識的根本，它的重要性不言可喻。在路上處處可見的英語補習班，證明家長也了解這一點，學英文、補英文好像是所有孩子都在做的事，但是我們接觸到的孩子，英文能力可達到基本合格的，幾乎可說百中也難有一個，顯然英語學習的效果非常不彰。為避免離題太遠，這一點就暫不在此處深談。

在這裏，我要強調的是，程式設計的人永遠都在讀資料，時時都在學東西，必須培養對閱讀的熱情，唯有熱情，才能帶來能力。缺乏閱讀能力，恐怕沒法學好程式；事實上，如果缺乏閱讀能力，做什麼事都很辛苦。這裏必須要說明的是，念書，或是讀教科書，和我說的閱讀是兩回事。我見過許多學校成績很好的人，對閱讀這件事卻毫無興趣，平常也沒有看書的習慣。可能念學校的書已經佔據了他所有的時間，所以沒時間閱讀。也有可能，念了太多教科書或補充教材，讓他對閱讀反感，所以沒有看書的習慣。

回到原來的主題，iOS App的開發要合乎Apple繁瑣的規定，必須要閱讀Apple寫的大量資訊，如果不讀清楚，Apple應對的方法就是，把你的申請打回票，這時候你就得修改你的

App，不但逃不掉讀資料的要求，反而要讀得更仔細。最糟的是，等著上App Store的App申請非常之多，被打回票之後，又得重新開始排隊，你會希望，這次把Apple的規定都讀全了。

我們簡單扼要的介紹了各種常用的程式語言，也談了非常熱門的Apple iOS App的製作要怎麼入門。接下來，所有初學程式設計的人最想知道的是，應該由哪個程式語言開始學？接著又要學哪一種語言？這個問題同時也是父母要為孩子安排程式學習時，最關心的問題之一。這個問題對不同的人有不同的答案。我們由回答家長為孩子考慮程式設計的學習開始。

Google Play與開發Android的App

Apple的App Store非常熱鬧，卻並不是App最大的市場。根據statista.com的統計，到二〇一六年六月，Google的Google Play，也就是Android系統的App市場，架上總共有二百二十萬種不同的Apps，所以Google Play穩居世界最大App市場的寶座。

許多的年輕人、家長，甚至中學生在問，如果要開發Android的App，放在Google Play

供人免費或付費下載，要怎麼跨出第一步？要用什麼程式語言製作？要回答這個問題，和做App Store的App一樣，至少需要一套完整的課程或一本專書才有辦法稍微講得清楚。

我的回答基本上是一個Overview（總覽），沒有放大鏡般的細節，但是看完之後，會有一個很清楚的概念，知道開發Android的App需要什麼樣的事前準備，怎麼走出第一步，大概牽涉的事情有多少，範圍有多廣。有了這些資訊，你便可以根據自己的情況，決定要不要去做這件事。

首先，和App Store一樣，由產品的發想開始，一直到把App放在架上，中間是整個軟體開發的過程。一般來講，這樣的事不適合從來沒有學過程式設計的人。道理很簡單，它所包含的不只是學習一個新的程式語言而已。

事實上，學程式語言還只是一件小事，佔整個App開發過程的一小部分而已，你要做的是對整個軟體開發過程有深入的了解，甚至有許多行政方面的工作要做。這一切對初學者，特別是沒學過程式設計的初學者來說，負擔是太多了些。但是如果真的有興趣、有熱情，做出一個App也不是不可能的事。

首先，Android App系統的開發者網站有許多資訊，但不是每一個初學者都能弄懂

Android網頁上寫的內容。看了這篇總覽式的介紹，你會有個整體的了解，知道怎麼入手。

第一步，就是下載Android的SDK，然後熟悉一下它的介面，SDK裏有兩個主要的IDE，我們談過IDE就是一個整合性的開發環境，你可以在其中寫程式，把App所需的檔案整合在一起，管理所有支援的Libraries，然後進行最後的測試。

Android的第一個IDE叫Eclipse，它可以讓開發者修改Java和XML的檔案，有大量的Plugin System，讓你可以照自己的需要客製化（Customize）你的工作環境。Eclipse是用Java寫成的，主要用在開發Java的應用程式，但也可用Plugin，開發其他程式語言的應用程式。

另一個主要的IDE叫Android Studio，這是由Google所開發。Google希望它能取代Eclipse，但因為它還在Beta（測試版）階段，所以不免有些程式的錯誤（bugs）。相對的，每個人都知道Eclipse，大家都在用，有足夠的信賴感，功能比Android Studio大得多。至少到目前為止，Eclipse還是比較多人會選擇採用的IDE。

話又說回來，如果是剛準備開始進入Android的開發，Android Studio是未來性較強的IDE，它比Eclipse容易上手，將來會有它自己的SDK，而且有Google的支援，所以也是一個很好的選擇。

不管選擇哪一個IDE，下一步就是開始找學習的材料。MOOC是一個很好的起點，搜尋一下Udacity、Coursera就可以找到合適的課程，Android開發者網站也是非去不可的學習之處。

接下來，你可以開始熟悉Google提供的指南（Guidelines）。

第一個是Android開發者指南，其中包括開發者所需的所有資訊，比如，API指南告訴你怎麼在你的App加入包括動畫在內的許多功能；Google Services則提供許多的特別功能——登入（Sign in）、地圖、位置搜尋、雲端備份等等——開發者就不必自己去寫這些功能。另外，開發者指南還包括許多程式範例，不知道怎麼做的時候，就可以參考別人的程式，這是最直接的學習。

第二部分的指南是Android設計指南。這裏談的是用戶使用介面（User Interface）的設計。好的設計不只是視覺上的美感而已，還包括使用者的使用經驗、流程設計是否合理、步驟連結是否順利等等。指南裏包括基本的設計元素（按鈕、動畫等），也談到如何設計在不同裝置（devices）——手機、平板、智慧手機、電視——都一體合用的介面。

另外特別值得注意的是，Google在新的設計指南裏提出了他們自己的「設計語言」

（Design Language），叫Material Design。設計這個語言的設計師Matias Duarte說：「接縫和陰影讓你能按的東西具有意義」，意思是說，每一個用戶眼見所及之處都是設計者用來表達某種意義的材料。

另一個開發Android App的方式是用一家叫Xamarin公司的產品。Xamarin是Microsoft所擁有的一家公司，它用C#開發的產品叫Mono（西班牙文Monkey之意），Mono for Android、Mono Touch，這是一組可以開發跨平台應用程式的工具，它是一個微軟.NET Framework的執行程式（Implementation），它包括C#編譯器、Common Language Runtime（通用語言執行平台）、二個IDEs，分別稱做Xamarin Studio及Visual Studio。

設計訓練的必要

未來的程式設計師必須要有基本的設計訓練，我們看到網路上的許多網頁，可以說只有訊息而沒有任何設計可言。我們得到粗略的資訊，但就是那樣而已，缺的東西還很多。好的設計可以幫忙把訊息傳達得更完整，更別說它能提供終端用戶滿足感和愉悅感。

這就是為什麼EDUx提倡設計的學習，把設計和程式語言結合在一起，就如虎添翼般的有威力。

我們不是提倡一個人必須是全才，什麼都要會。全才可遇不可求，但是基本的設計訓練可以避免許多軟體工程師因為缺乏設計訓練而寫出不堪使用的程式，這是只有好處，沒有壞處的事。

接下來你可能會問：到底什麼程式語言能用來開發Android App？Android App開發正式的語言是Java，Android本身大部分是由Java寫出來的，Android大部分的API也都是設計從Java的程式呼叫使用的。

但是Java並不是唯一一個可以用來開發Android App的工具，另一個可能更適合許多人的選擇是Corona。如果覺得學Java（還有用來寫使用者介面的XML）太麻煩，你可以考慮Corona。Corona是一個架在叫做Lua的程式語言之上的SDK。Lua比Java易學得多，再加上Corona SDK讓程式開發變得更容易。Corona含有一個模擬器，所以開發者寫的程式不必經過程式編譯就可以測試。

另外，如果你會HTML、CSS、JavaScript，也不想學Java或Lua，那你可以用Apache Cordova（以前叫Phonegap）。Apache Cordova是一個開放軟體，基本上，它延伸了HTML

和CSS的功能，讓程式可以表現在各種裝置上。對於會用HTML、CSS、JavaScript的人來說，Apache Cordova可能是個最方便的選擇。

接著，我們談到HTML和CSS，這兩者雖然不是程式語言，但是和程式語言及軟體開發息息相關，是任何人都非學不可的工具。接下來，我們以大綱總覽式的方式，介紹了怎麼在iOS和Android兩大平台開發App。

我們已經大致精簡的介紹過基本的程式語言。對小孩來講，毫無疑問的，他們要由視覺程式設計開始學，這是一個標準的Learn by Play（由遊戲中學習）的機會，請家長不要失去耐性，急著逼小孩開始學「真正的」程式語言。

孩子在視覺程式裏不但在學程式設計，也在學創造，學著和別人合作，如何與別人互動，我們提倡的Digital Citizenship（數位公民素養）在學視覺程式的過程裏，得到許多練習的機會，當他們體會到程式設計的真味，了解到Digital Citizenship是什麼，那他未來的程式學習之途會比別人順利很多。

CHAPTER 10

如何選擇學什麼程式語言

孩子的視覺程式學得差不多時，第一個應該學的程式是Python，原因是Python文法的要求並不嚴格，非常易學，而且Python的應用極廣，學Python的投資報酬可以說是最高的，因此我們選定Python是孩子繼視覺程式後該學的第一個語言。

Python之後，JavaScript是我們認為孩子第二個應該要學的程式語言，原因是JavaScript的需求大，到處都要用到，它不難學，而且可以用在任何平台上（Windows、iOS、Android全都適用）。任何瀏覽器都離不開JavaScript，所以愈早學它愈好。

再接下來，應該先學HTML和CSS，學了之後，和JavaScript及Python合在一起，可以做的事情就多了。幾年之內，小孩身上有些技能，可以製作網頁，可以設計遊戲，就可以慢慢跨入程式設計的門道之內。

JavaScript後，接下來可以學Ruby和Ruby on Rails，這樣在網頁上面的開發能力將會愈來愈強。

接下來再學什麼，就得看準備要做什麼，小孩子真能使用Python、JavaScript、HTML、CSS、Ruby、Ruby on Rails之後，還需要花幾年時間磨練他使用這些工具的能耐和功力，到那個時候，他會很清楚接下來的發展方向。

高中以上年輕人學程式的思考點

對於高中以上或大學學生、初入社會的年輕人或任何人，在選擇由哪個程式語言開始學習起時，有兩個思考點：一、自己的需求和特殊狀況；二、學程式設計的目的，也就是說要拿程式設計的技能來做什麼。這兩點相互影響之下，才能決定由何處開始，接著要怎麼走，才到達最後的目的地。現在讓我們來檢視幾個不同的思考方向。

第一，由想要做的事決定學什麼程式語言。

1. 製作網頁：如果要做網站，必定要由HTML、CSS開始，比較複雜的網站會用到資料庫，PHP和MySQL（一個Open Source的RDBMS）都要會。

2. 製作互動網頁：前面說過，互動網頁指的是用戶端可以經由某種方式和網頁的內容有雙向往來，比如說在別人部落格的意見欄位輸入文字，就是一種典型的互動。在網頁提供的表格輸入資料，在網站上買衣服、訂旅館、買機票，全部都是互動。互動網站的內容比起靜態單向的網站更能吸引用戶，當然是比較先進且有用的設計方式。

不過互動網站也比較複雜一點，開發者必須要會JavaScript以及相關的Frameworks和Libraries（例如jQuery、React、AngularJS等）。這些要比HTML、CSS難學一些，但是不會JavaScript及相關工具，只會HTML、CSS，恐怕很難有太多變化。對網頁有企圖心的人，JavaScript是必學的一個程式語言。

3. 做電玩遊戲：做電玩遊戲有許多工具，如果談程式語言，要做遊戲，最好要學C以及C所衍生的其他相關語言（C++、C#、Objective-C）。以前很多Game Consoles（控制台型遊戲機）都是用C寫的。演進到現在，C++變成是PC和Console Games（控制台遊戲）最重要的語言。Objective-C是用在做Apple作業系統的遊戲。最近也常常有人用C#來做遊戲。反正，提到做電玩遊戲，C和它的這些堂兄弟姊妹們是一支必學的程式語言系列。另外，Python和Java也會用來做遊戲。

4. 一般性軟體發展：和遊戲開發一樣，又是C和C++、C#等語言最適合做一般性的軟體開發。

5. 後端開發：後端（即伺服器端）最有用的語言是Python、PHP、Ruby等。其中Ruby和Rails比較適合在iOS開發。

6. 做iOS App：用Objective-C或Swift。剛開始進入iOS開發的人可能最好直接由Swift開始，原因是Swift是一項新產品，它的未來性強過Objective-C。

7. 做Android App：必學的是Java和C++。

另外我們也可以由未來就業的技能這個角度來思考究竟該學什麼語言。就像醫學院的學生，到了一定時間，就得決定將來準備走哪個的分科，然後開始接受更深入的專業訓練。眼科、皮膚科、外科、婦產科、骨科等，專精的項目不同，所受的分科訓練、所學的內容也不相同。同樣的道理，程式設計工程師也有不同的專精，所需要的專門技能也不盡相同。所以，

第二，由程式設計專業來決定學何種程式語言。

1. 前端（用戶端）程設工程師：HTML、CSS、JavaScript是必用的語言。我們也提

過，前端的工程師最好能有美術設計方面的素養和訓練，這是未來的趨勢。

2. 後端（伺服器端）程式工程師：必會的有Python、Java、Ruby、PHP、SQL等語言，同時要有資料庫的訓練。

3. 電玩遊戲工程師：C、C++、OpenGL，再加上3D的美術設計訓練。

4. 行動裝置（Mobile Devices）工程師：Objective-C、C、C++、Java等，另外製作行動裝置的網頁，要會HTML和CSS。

5. 一般軟體開發工程師：C、C++、Java是必備的程式語言。

第三，以未來薪資報酬的角度來思考未來要走的方向。

就像醫學院的學生有人會在選擇專業時以未來收入做為主要或唯一的思考點，工程師也會問，哪種程式專業能得到最大的薪資報酬，並據以決定他選擇的方向。我不贊成這類以收入為考慮重點的心態，因為這樣的思考有很多問題。

1. 它忽略了最重要的事，那就是自己的性向、能力和興趣。這是老生常談，但也是很淺顯的道理，缺乏足夠的熱情，永遠沒有辦法走到頂峰。

一個喜歡做電玩遊戲的人，為什麼要去做他自己認為乏味無趣的後端開發工作，就只因為收入多一些？反過來說，不會設計，但喜歡管理伺服器端開發，掌控一切的後端工程師，為什麼要強迫自己去做與性向不合的前端工作呢？

2. 它忽略了收入高低是經常變化的。今天收入高的專業，明天可能就掉到谷底去了。有時候，專業的需求很難講，和需求量高度相關的薪資報酬也沒有一定。

說了這些之後，我知道你還是想知道哪一種程式語言最有「錢途」。我比較了indeed.com，以及Brookings Institution的報告，大致得到以下的結果：註3

簡單的結論是：Swift、Python、Ruby、C++、Java、C#在薪資報酬的頂階，平均薪資超過十萬美元。而在薪資上相對比較不亮麗的則是JavaScript、C、SQL和PHP。可是這真的是正確、實際的情況嗎？答案可能沒有那麼簡單。

根據AngelList（angel.co）的調查，JavaScript竟然是新創公司需求最殷的人才，達到百分之三十點六 註4，也就是說，幾乎有三分之一的公司都在找會JavaScript的人。我們都知道，大致上來講，需求和報酬是成正比的，需求量高的人才，薪資基本上比較高，JavaScript的薪資怎麼會不在最高階？

這個問題的原因有些複雜，其中一個原因是做調查的人拿JavaScript和其他語言直接相比較，問題是JavaScript的範圍牽涉很廣，如果一個人只會JavaScript和JQuery，比起另一個人會JavaScript和它的一些Frameworks，那他們的價值就大不相同，薪資不會也不應相等。

以目前來看，會JavaScript加上React Framework的專業人才是可以獲取最高薪資的人。

因此，把細節考慮進去之後，整個數據都變得不同，薪資報酬也會上上下下。但是無論如何，以上的數據還是可以做為參考，有心的人應該足以決定自己未來專精的方向在哪裏。

第四，由程式語言的使用率（Popularity，也可以說是受歡迎的程度）來決定。

使用率代表程式語言需求量，也是一個可以參考的指標，問題是不同調查單位的數據因為調查取樣的關係，結果有些出入，但是仔細比較，還是可以看出些許端倪。

註3　https://www.quora.com/Which-server-side-programming-language-is-the-best-for-a-starting-programmer-Perl-PHP-Python-Ruby-JavaScript-Node-Scala-Java-Go-ASP-NET-or-ColdFusion

註4　https://www.codementor.io/learn-programming/beginner-programming-language-job-salary-community

根據CodeEval的報告註5，在二〇一五年最受歡迎的程式語言前八名依序分別是：Python（百分之三十一點二）、Java（百分之十九點六）、C++（百分九點八）、C#（百分之七點四）、Ruby（百分之七點一）、JavaScript（百分之六點五）、C（百分之六點一）、PHP（百分之三點六）；其他的語言普及率都在百分之三以下。

而根據PYPL的調查註6，在二〇一六年七月，最受歡迎的前八名程式語言依序則為：Java（百分之二十三點八）、Python（百分之十三）、PHP（百分之十點五）、C#（百分之九）、JavaScript（百分之七點七）、C++（百分之七點二）、C（百分之七）、Objective-C（百分之四點五）。Swift在這份報告裏是第十名（百分之三），在CodeEval的調查中，Swift並未出現，那是因為Swift是個全新的產品，在二〇一四年六月才由Apple宣布，當然還不會有足夠的統計數字可以列在報告中。

我們比較這兩份調查後發現，Java和Python的使用率互換，但還是高居第一、二名，所以無疑的，它們是使用率最高的兩種語言。然後Ruby是個特例，由原來的百分之七點一到二點三，居PYPL統計的第十二名；而Objective-C，根據CodeEval統計，普及率只有百分之一。這是兩份報告最大的不同。

除此之外，在兩個網站調查表重複的程式語言有：Python、Java、JavaScript、PHP、C、C#、C++，也就是說有八分之七是相同的，這七種程式語言的使用度、需求度無疑是最高的；其中Python和Java絕對不能不會。

第五，需要加入考慮的另一項重點，是程式語言受歡迎度的趨勢走向是往上或往下。

如果你好不容易學了一樣專業技能，用了二、三年，甚至還未開始用，就變成古董，或是需求很低，那真的很不划算。你可以安慰自己，說程式語言大致相同，學了也不會白費力氣。但是人的時間和精力總是有限，做了不正確的選擇還是走了冤枉路。

PYPL說，Python、JavaScript、Swift是往上升的，意思是歡迎度是增加的；PHP、C++、C的走勢是往下的，意思是使用率在降低中。總之，這些因素都應列入考慮之中。

要說明的是，這並不代表初學者就一定要以這樣的順序去學習，這和學習者的年紀、成熟度、程式訓練的準備、時間的多寡、現階段的工作是什麼、多久之內必須用在工作

註5 http://blog.codeeval.com/codeevalblog/2016/2/2/most-popular-coding-languages-of-2016

註6 http://pypl.github.io/PYPL.html

上、性向、興趣、個人能力和自信，全部都有關，實在不能一概而論。

結語

程式語言是未來科技時代必備的知識，初學者不必現在就決定未來是否要以程式設計、軟體開發做為最終的專業。更不必在初學、甚至未學之前，就認為自己不適合當程式設計專業者。如果你沒有潛心學習，給自己三、五年的時間，如何知道這是你喜歡或不喜歡的行業。

這些都在未定之天，為什麼要急著把學程式的大門關了？尤其是女孩子，我們見過許多父母，對男孩和女孩的培養方式有許多預設觀點和分別心，女孩就是粉紅色、洋娃娃，遠離STEM（科學、科技、工程、數學）。

現在許多國家的領導人都已是女性，但是並沒有改變社會對女孩的刻板印象。大學和企業的數理、科學和工程部門的女性非常之稀少，而稀少的原因，並不是女性先天不適合這些行業，而是來自於家庭和社會性別偏差教育的結果，這是非常不幸的事情，卻是我們社會的現狀。

在這裏，我特別要說的是程式設計和軟體開發非常適合女性，希望父母不要再有限制女兒往這個方向——其實我指的是整個STEM的方向——發展的心態。這是最基本的。進一步，我希望父母能特別鼓勵女兒往STEM發展，花時間、花資源去培養她們。她們能做的事，比父母想像的要多得多。

程式設計是美妙的智識之旅，它能夠教給小孩一種不同的思考方式；不但如此，未來是科技掛帥的世界，而科技是由軟體來推動，程式設計是軟體之本，也是科技社會最重要的根本。程式設計能帶給他們超強的威力，能開發出現代及未來科技社會非常需要的產品，為社會做出不小的貢獻，為自己帶來人生的滿足感和物質的報酬，套句金融投資人的話，真的很難找到投資報酬率這麼高的產品。所有的小孩和年輕人都應該立刻、長期的投入程式的學習。

另外，需求度高和薪資報酬是不同的兩回事，需求殷切的專才或能力，不見得就可以得到最好的報酬。如果要談金錢報酬，那還要考慮其他因素，包括需求與供給的情況、技術的困難度、具這項技術人才的稀少度等，都是影響收入所得的不同因素。

最後，受僱於公司或自行創業，所需的技能不會一樣，報酬更難說得準，因此選擇學什麼語言，確實有一定的困難度。當然，如果還年輕，比如還是國中生或高中生，那你會有許多的時間投入在程式學習，或許會有能力把很多程式語言都學了。但是，如果真的這樣，那你對每一個語言的專精度怎麼樣，是不是真的能夠派上用場？單純說會某種語言是沒有意義的，問題在於會到什麼程度。

因此，到了最後，未來成功與否的決定點在於對程式語言的專精程度，能力是不是足以應付大型計畫，這還牽涉到規畫以及領導合作的能力等，因素就更複雜了。如果不談未來成功與否，只談學習哪一種程式語言這個問題，就單純多了。但是雖然問題單純，仍是一個很重要的問題，入門的學習如果不順利，對將來會有決定性影響。

我花了許多的精神和時間，仔細分析選擇的考慮重點，希望你能多加揣摩，給自己或小孩做一個正確的抉擇，順利入門之後，未來的路會比較好走。

問題省思

為什麼在書的最後要有這些問題？問這些問題的作用是什麼？

閱讀一本書就如同搭上作者當司機開的車子，到處去遨遊，司機開到名山大川，指出壯麗的美景給你看，你深吸一口氣說，真美啊，我經驗到了；司機開到鄉野小徑，指出秀雅的田間野趣給你瞧，你領略到鄉村的風味，你說真怡人啊，我經驗到了。新的經驗、不同的體驗，當然是一種學習。但這個學習，最多只能說是半套。

美國的教育改革家約翰．杜威（John Dewey）說的好：「我們不是由經驗學習……我們由對經驗反思而學習。（We do not learn from experience … we learn from reflecting on experience.）什麼叫做反思經驗（Reflecting on experience）？對我們所經歷到的事物，刻意的去咀嚼、消化、思考、分析（Analyze）、合成（Synthesize）、抽

象化（Abstract），然後說出（Articulate）學到什麼重要課題的過程，就叫Reflection（回想）。

這是一個由思考來學習（Learn by Thinking）的方法，心理學家和教育學家同樣認為，這是一種最有效的學習方式。在思考所學的過程中，我們不但有機會釐清不理解的地方，而且能夠對所經驗的事物產生新的興趣和信心，整個過程，就是一種深度學習的機制。

書末問題提供讀者在閱讀完全書之後，再一次回想和咀嚼書裡所討論內容的機會，不管是個人或是讀書會，在反省、反思和再一次翻閱之間，對整本書會有全新的體驗。

Chapter 1

1. 五年前在《華爾街日報》出現〈軟體正在吃下全世界〉這篇文章。請你對軟體正在吃下全世界做一些想像，觀察環境的周遭，舉出軟體在生活上的影響力，也列舉出尚未被軟體入侵的行業。

2. 請和孩子分享共讀下列科技公司Amazon、Netflix、Uber、Airbnb、Twitter，由草創開始的故事。

3. 請去使用前述公司或類似公司的服務或產品，我們的用意是希望你及孩子能以出去旅行，周遊列國的心態，體驗科技的影響力。

我們去日本旅遊時，透過Airbnb找到一間在新宿的公寓，照片上看起來好極了，除了客廳、廚房、浴室、洗手間外，它有兩個睡房，總共三張大床。屋主是一對年輕的日本夫妻，他們也是剛把這間才買不久的新屋整修好後在Airbnb上出租。他們很親切，一直問我們有什麼需要。最好的是，他們說英語，而且告訴我們一些觀光客不會知道、不會去的旅遊點和餐廳，讓我們在東京的旅遊更好玩、更舒適。

當然，這是好的經驗。我們也曾在紐約住Airbnb有不是很好的經驗，所以這很難講。但是我的重點是，這是科技帶給我們的不一樣的體驗，我們一定要讓小孩子親身嘗試，他們才會了解社會是怎麼運作的，有些什麼事情正在或快要發生，他們才能去適應（adapt）、因應社會的變化，否則日子會過得很辛苦。

Chapter 2

4. 你同意當我們用Reverse Thinking的方式，由展望未來的世界，再來審視目前我們是否在幫孩子迎接未來的競爭與挑戰做準備是必要的嗎？

5. 你覺得我們有在做正確的事、實施正確的教育嗎？
6. 你希望政府對於教育在制度上、作法上能有什麼較好的轉變？
7. 你希望自己的孩子有什麼樣的未來？接受什麼樣的教育為未來做準備？
8. 你認同父母要像未來學家一樣的思考，以幫助下一代的教育與前途嗎？為什麼？
9. 書中提到的Ray Kurzweil的預言，你同意多少項？
10. 你能夠理解大腦研究計畫的重要性嗎？你覺得這些題目與我們孩子的未來有沒有關聯性？如果有的話，你認為我們可以從哪裡做起？

Chapter 3

11. 這一章節裏提到的各項科技進展（Robot、3D printing、wearable tech、transportation、robot lawyer、drone、ML/AI、AR/VR）你已知道的是哪些？有多少是你看了之後才獲知的訊息？
12. 想想這樣科技的進展與我們在教育上的目標有多少相關性？我們一成不變的教學內容足夠給予下一代需要的能力去加入這些科技領域嗎？
13. 關於前述這點，我們要有什麼因應之道？

14. 你同意「命運掌控在自己的手上」這句話嗎？如果你同意，那我們的孩子每日不斷的寫作業、考試，背誦幾十年不變的內容不是與這句話相衝突嗎？

15. 你可以看到自己的孩子擔當起挑戰未來、創造新格局的可能性嗎？

Chapter 4

16. 科技創業家Hadi Partovi的家庭因為他們的國家無止盡的戰爭而移民美國，也因其科技的能力，讓他完成學業，成功創業，完成了他的美國夢，你認為這只有在美國才能發生嗎？

17. 你了解Hadi Partovi成立code.org之使命嗎？你是個善用資源的家長或學生嗎？Code.org的網站有許多很棒的資源，EDUx也經常舉辦公益活動，介紹學習程式與教育、教養的講座，你可以多加利用。

18. 你認為我們要有什麼樣的作為幫助我們的孩子趕上時代的腳步？

19. 你與孩子都體驗過Hour of Code（一小時學電腦程式）嗎？如果沒有，歡迎來參加EDUx定期舉辦的Hour of Code免費公益活動。

20. 你認為孩子應何時開始學程式設計？你認為孩子一週該花幾個小時在程式學習上？

21. 你的孩子喜歡軟體與動手做的科技嗎？你會鼓勵他馬上開始學嗎？還是認為應該等到進入大學再說？為什麼？
22. 你參加過EDUx舉辦的Hour of Code活動嗎？你願意參加後號召孩子的同學、堂表兄弟姐妹們及朋友，一起參加或協辦這有意義且好玩的科技學習派對嗎？
23. 你願意為下一代的科技教育盡一份心力嗎？
24. 如果妳是個媽媽，妳願意接受科技媽媽的訓練嗎？妳的理由是什麼？
25. 除了我們提出的經驗談，你願意在社群媒體上分享你參加Hour of Code的經驗嗎？
26. 你願意加入這個Hour of Code的草根運動擔任志工嗎？
27. 你知道其他國家正在積極推動學童自小學習程式設計的運動嗎？你覺得台灣的孩子，在未來世界會有很好的競爭力嗎？
28. 你覺得我們教育界推動小孩學程式，學科技的步伐是否太慢，還是太快了呢？
29. 政府的程式教育趕不上其他國家的速度，你會憂心嗎？政府接不了軌，你要怎麼樣自行和國際接軌？

30. 你是否同意賈伯斯說的，每一個人都應該學電腦程式設計？你有準備要學嗎？

31. 你會覺得女孩子比較不需要學電腦、學程式設計嗎？為什麼？

32. 你知道什麼是計算機式的思考（Computational Thinking）嗎？如果你只說出邏輯式思考，那你只說出了計算機式思考的一小部分。其他部分在學校不容易學到，卻是科技社會很需要的一種思考方式，那些部分是什麼？

33. 書上提到，電腦教室裏的電腦，由老師掌控一切，省了學生家長為小孩準備電腦的麻煩，但是壞處更多。你的看法呢？

34. 小孩子使用自己的電腦，能自己安裝及uninstall（卸載）軟體，改變電腦的系統或使用者設計，下載不同的瀏覽器（如Chrome），這會讓老師或家長感到失去控制權的不安。但是小孩卻會因為系統沒有被限制住而學到更多寶貴的東西。你同意我的說法嗎？你會怎麼做？

35. 德蕾莎修女說：「我自己一人無法改變世界，但我可以往水裏丟一顆石頭，就能激起許多的漣漪。」她的意思是說，不管個人的力量多渺小，她還是會盡全力去做對社會人群有益的事。你會效法她的精神和作法，不以個人力量不大，而放棄改變社會，改變世界嗎？你會怎麼做？

Chapter 6

36. 我在本章提出了小孩子為什麼需要學程式設計的十一個理由，加上美國總統及矽谷科技公司領導人所提出的見解，看完了這些，你認識到程式設計的學習真的是很重要的一項技能了嗎？請思考後寫下為什麼你（或你的小孩）要學程式設計，列出最重要的三個理由。
37. 學電腦程式可以讓你變聰明，智商變高。請思考一下我在書上提出的理由。
38. 學電腦程式可以讓你成為一個更好的溝通者。請思考一下我在書上提出的理由。
39. 學電腦程式可以訓練寫作及表達能力。請思考一下我在書上提出的理由。
40. 由Learn to Code到Code to Learn。請思考一下我在書上提出的理由。
41. 電腦程式是一種特殊的思考訓練。請思考一下我在書上提出的理由。
42. 電腦程式可以是解決社會問題的工具。請思考一下我在書上提出的理由。
43. 電腦程式的學習增加你說故事（Storytelling）及寫作的能力。請思考一下我在書上提出的理由。

44. 經由電腦程式可以學習計算機式的思考方式。請思考一下我在書上提出的理由。

45. 學習電腦程式讓我們更了解自己生存的世界。請思考一下我在書上提出的理由。

46. 學習電腦程式帶給你自由與快樂。請思考一下我在書上提出的理由。

47. 電腦程式帶給你無窮的威力。請思考一下我在書上提出的理由。

48. 軟體開發的工作機會和可能性超過其他行業。請思考一下我在書上提出的理由。

Chapter 7

49. 我用一整章的篇幅談Why：家長為什麼要知道程式語言是什麼？有哪些？每個語言大概是做什麼用途？哪個先學？哪個後學？為什麼這個要先，那個要後？因為對我而言，如果不知道Why，很難有動機去做一件事。所以知道「為什麼」是推動火箭的燃料，這點你能認同嗎？

50. 我們都學過物理、化學、數學等重要學科，但是在學的時候，沒有人告訴我們為什麼要學這些科目，這些知識多麼有用。學電腦程式同樣如此，學生從不知道電腦程式有多強大的威力。缺乏這些知識，會大大影響小孩的學習動機。這種不知為何而戰的情況，直接衝擊到學習效果，小孩子學得不起勁，因為大人永遠沒有告訴他們那些足以激發他們學習熱情的東西。如果你沒有習慣給小孩「為什麼」的理由，你願意改變你的作法嗎？

Chapter 8

51. 請定義什麼是視覺程式語言（Visual Programming Languages）。請舉幾個例子。
52. 你有試著和孩子一起玩玩Scratch或其他視覺程式工具嗎？是否願意參加EDUx舉辦的Hour of Code活動，親身體驗一下程式設計是在做什麼？
53. 我提到台北一所頂尖的高中學校，學生以前未必有程式學習的經驗，卻一開始就學C++，結果多數學生以後對程式學習再也沒有興趣了。這現象的含義是什麼？
54. 我們碰過許多揠苗助長的家長，學生程度未到，但他或小孩自己覺得太簡單了，會一直想要往上進階，覺得這樣才會進步，才能學到東西。問題是，稍微測驗一下，就馬上知道學生認為懂的地方，其實並沒有真懂。我說過這種現象叫做烏比岡湖（Lake Wobegon）效應，盲目亂挑戰的結果，很可能像初學就學C++的學生一樣，到最後連學習的興致都沒了。你會確定小孩都學通了，才讓他進階嗎？
55. 請列出我所介紹的視覺程式語言，到它們的網站瀏覽一下，你也可以自己試，玩看看，也可以比較它們之間的差別。

56. 臨床心理學家Michael Thompson，也是《受壓的小孩》（*The Pressured Child*）一書的作者，對家長的反應非常熟悉。他說，真正的問題出在家長，尤其是自己相當成功的家長，他們對自己的工作與生活掌控得比較好，也會以同樣方式控制小孩的生活。因此他們對小孩課後活動的選擇出發點是焦慮（Anxiety），而非小孩的福祉。你對這個說法的看法是什麼？

57. Suniya Luthar是哥倫比亞大學的心理學教授，她的觀點和我們的看法不謀而合，她說，問題出在家長過度監控（Overscrutinize）小孩的表現。不管是學業或其他活動，家長都像老鷹一樣眼睛直盯著小孩的成績表現，只會讓小孩的學習和行為失去動機。你身邊有這樣的家長嗎？

58. 未來的世界會分成兩種人，一種是會寫程式的人，另一種是不會寫程式的人。你可以想像一下未來世界的運作模式嗎？

59. 請再閱讀一次本章〈學程式不是一蹴可及〉的部分，你同意嗎？

60. 我提到Unplug學程式的方式，你有試著做做看其中的「換球遊戲」嗎？請你務必和小孩子玩玩看，玩過之後，你和小孩再也不必問Algorithm（演算法）是什麼了。

Chapter 9

61. 什麼是動態程式語言（Dynamically-Typed Languages）？哪些語言是動態程式語言？
62. Python語言的用處是什麼？它的缺點又是什麼？
63. Java和JavaScript都常聽說，它們是同一回事嗎？
64. 什麼叫前端（Front-end）？什麼叫後端（Back-end）？它們各有什麼任務？
65. 什麼是靜態程式語言（Statically-Typed Language）？哪一些語言是靜態程式語言？
66. 請比較動態語言與靜態語言的差別，各有什麼優缺點？
67. 本書總共介紹了幾種視覺程式語言？又介紹了多少種程式語言？它們都是用來做什麼特定的需求呢？
68. HTML和CSS是程式語言嗎？它們是做什麼用的？
69. 什麼是應用程式（App）？什麼工具可以製作iOS的應用程式？什麼工具可以製作Android的應用程式？
70. 閱讀能力和程式寫作的能力有什麼關聯？寫程式真的需要閱讀很多資料嗎？

71. 程式寫作是用英文來寫，這個並不難，但真的需要英文閱讀能力嗎？
72. 程式寫作和設計是什麼關係？設計能力真的是必要的嗎？
73. 學哪一種語言的先後順序重要嗎？小學生在視覺程式之後，可以由哪一個語言繼續學？為什麼要這樣做？
74. 高中以上年輕人學程式的思考點可由哪幾個方向來考量？
75. 由想要做的事決定學什麼程式語言，應該學些什麼語言？
76. 應該由程式設計專業來決定學什麼程式語言？
77. 以未來薪資報酬的角度來思考未來要走的方向。由這個思考點，應該學什麼語言？
78. 由程式語言的使用率（Popularity，也可以說是受歡迎的程度）來決定。由這個思考點，應該學什麼語言？
79. 程式語言受歡迎度的趨勢走向是往上或往下。由這個點來思考的話，應該學什麼語言？
80. 閱讀完了所有程式設計語言的介紹之後，你的結論是什麼？
81. 看完了這本書之後，請思考一下這本書帶給你的觀念上的衝擊，你自己整體的體會是什麼？結論又是什麼？最後，你會改變什麼作法嗎？你期望得到什麼不一樣的結果？愛因斯坦說，「我們無法用我們在製造問題時同樣的思路來解決問題。」（We cannot solve our problems with the same thinking we used when we created them.）問題已經在那裏，要解決那些問題，我們必須要改變想法，進而改變作法，這是解決問題唯一的辦法。提供不一樣的想法和作法，就是這本書最大的目的。

（全文完）

致謝

感激令生命變得豐富。——梅樂蒂・比蒂

Gratitude unlocks the fullness of life. —— Melody Beattie

生一個小孩算什麼？你深深吸一口氣再吐出來的時間，就有五十個小嬰兒呱呱墜地，人類每天要一起製造出三十六萬個嬰兒，你沒有聽錯，那是每天的數字，不是每年；蓋一幢房子算什麼？任何一個都會的樓房都在舊的拆、新的又變舊，不停起新樓的循環中；寫一本書算什麼？書店裏的書多到幾乎新書區的書每天都要全部更新。

但是每個嬰兒、每幢房子、每本書，即使不聰明、簡陋、粗糙，都不折不扣是個奇蹟，至少對製造者來說，他不會願意拿他的小孩、他起的樓、他寫的書，去和別人交換。我的意思是，如果他是拿真心去做這件事的話，那肯定是癩痢頭的孩子還是自己的好。我們寫的這套書也不例外，不例外到如果你用嘔心瀝血來形容我們寫這套書的心力，我臉紅也只會是一下下。

由懵懵懂懂的一個年輕人，到太平洋彼岸去經歷了西方的文化衝擊（culture shock），少小離家老大回，回到故鄉沒料到的是又經驗到另一次的衝擊。是我變了？故鄉變了？還是大家都變了？我沒有答案。我唯一知道的是，原來我成長的每一刻，不管是在台灣，還是在西方，我都不停的在累積經驗和能量來為寫作做準備。

如果是的話，那我寫這套書要感謝的人真是太多了，多到有如一棵枝葉茂盛的大樹上的葉子。你怎麼去數大樹上的每一片葉子呢？你不能，那就只好數數大一點的枝幹吧。

每個人的那棵「感激的樹」（The Tree of Gratitude）最大的分枝應該是父親吧，我的情形更是如此。現在罹患阿茲海默症的他，兩眼無神，已經不能對我說話了，但是現在每當我和他坐一起，我老是想起小時候他坐在我旁邊對我諄諄勸誨的話，他曾說：「吃虧就是佔便宜，你長大了就知道。」這句話聽了無數次，我從來不知道我記得。直到有一天我突然想起來，然後這句話就一直在我身邊引領著我。

還有一次，我上國中的時候，學校課業跟不上，我坐在家門外的鞋箱上獨自啜泣，他發現我遲遲不走，出來查看，聽我說我在學校數學跟不上，不想上學了。你猜他怎麼說？他說：「沒關係，我在學校的時候最差的一科就是數學，我們全家數學都不好。」我至今弄不清楚這是一種什麼安慰人的方式，也不記得心情低落的我聽了之後是什麼反應。但是我記得那天下午他來學校，在教室外面和數學老師咬了一陣子耳朵。後來我就開始到數學老師家裏開的補習班去補數學。我不相信我在補習班裏學到多少數學，我的印象是，許多時間我們都在看著數學老師跟他太太吵架，在教室後面互丟東西的樣子。不過那是另外一個故事了。

我的數學是上了研究所之後，可能是攸關學位與否，我開始認真起來，數學對我也變得可愛起來。做了別人的父親之後，才發現數學沒自信真的不行，小孩也會跟著對數學沒辦法。總之，如果我沒數學，電腦系念不下去，研究所畢不了業，更找不到工作，創不了業，恐怕也成不了家，更不要說能靜下心來寫書了。所以能寫這本書，要感謝的第一個人是我的父親，因為他幫助了我的數學，雖然不是用一般人想的方式。

完成這套書，要感謝另一位我心中的大人物是我的母親，原因也很奇怪。因為她對我的要求有求必應，小時候大家上學背一個簡單書包的年代，我用的是媽媽從日本買回來的真皮硬殼書包，我打棒球用的也是日本製的手套。這些讓我後來在培養小孩子時也是不計成本。雖然我不富有，但總是不考慮代價的投資在小孩的學習上，小孩子學得多采多姿，我們的教育理論和實作的鑽研也愈來愈深。現在我的孩子長大了，也讓我們有精神和力氣把多年的研究和體驗做個整體的省思和整理，所以才有這套書。

我的母親做的另一件事是從不干涉我看課外書和買書。小時候我的假日都是在重慶南路的書店過的，我除了在書店看書之外，還喜歡買書，一直買到家裏像開圖書館。我出國之後，母親把我的書全拿去送圖書館，有些還得求人，人家才肯收。

有了小孩之後，我在國外又繼續買書，建構我的另一個圖書館，小孩子在充滿書的環境裏長大，看的書比許多人都多，相信對他們有造成一定程度的正面影響。因此雖然買書花了許多錢，但因為有小孩幫忙看書，也稍減了我浪費的罪惡感。更重要的是，沒有長年買書看書的惡習，恐怕也不會有我們的這套書問世，所以第二個要感謝的人是我的母親。

我們還想要感謝我們的小孩——安廬、安祺、安心，為了要和他們的學習並駕齊驅，我們花了許多時間在教育及科技的研究上。後來他們走到生物和腦科學的研究上，我們也開始研讀生物和大腦的書籍和論文，累積一點一滴的功夫，今天才能慢慢的孵育成這套書。

在寫這套書的過程中，最愉快有趣的事情是參閱了許許多多相關的科學期刊論文，我們對於科學家對研究的奉獻和對整個人類的貢獻，真的心存感激。我們無法列出看過的所有論文裏科學家的名字，但是，沒有他們，我們會被疾病以及怪力亂神的偏見和無知所吞噬。

我們還要感謝商周出版的編輯黃靖卉小姐，她把複雜繁瑣的編輯和聯繫過程變得像不費吹灰之力般的容易，她的專業和反應，讓作風和工作習慣與國內完全不同的兩個作者對她完全的信任。當我們知道她還是個有兩個小孩的職業婦女時，我們對台灣多了一份信心，因為我們看到了台灣真正實力之所在。

另外，我們在各地有幸碰到的家長，告訴我們各種他們在教養小孩中碰到的問題和困擾，這裏面有家庭的問題、社會的問題，有小孩智力和身體、心理各方面的問題。我們更有幸的，是接觸到許多的小孩，每一位孩子都非常獨特，我們珍惜和他們每一次的互動，幫助他們成為更有能力的未來世界公民，是驅動我們不停努力的力量。我們要特別的感謝這些父母和孩子。還要感謝資深工程師、老師杜德年（Daniel Toussaint）協助檢視有關程式語言的內文。

最後，我們衷心感謝為我們推薦的每一位人士，除了寫更好的書之外，我想不出還有什麼更適切的方式，可以表達我們的感激。

Notes

Notes

EDUx推廣公益活動

一小時學電腦程式 (Hour of Code)
動手做訓練 (Maker Training)
腦力訓練 (Brain Day)
女孩程式俱樂部 (Girls Coding Club)

EDUx學校人才培育

科技能力(Technology)
創業精神 (Entrepreneurship)
領袖氣質 (Leadership)
改變世界的胸襟 (Change the World)

詢問EDUx學校招生請至：bit.ly/edux-ask
徵求參與改變的志工：bit.ly/eduxtaiwan2

EDUx教育基金會 U.S.A.
台灣EDUx教育協會

edux.tw　　service@edux.tw

教育大未來1: 軟體打造科技大未來——程式設計是下一代最重要的生存技能 / 徐宏義, 羅曼如合著. -- 初版. -- 臺北市 : 商周出版 : 家庭傳媒城邦分公司發行, 2016.11
面；　公分. -- (商周教育館 ; 6)
ISBN 978-986-477-113-4(平裝)
1.親職教育 2.電腦教育
528.2　　　　105017646

商周教育館 06　教育大未來 1

軟體打造科技大未來：程式設計是下一代最重要的生存技能

作　　者／徐宏義、羅曼如
企劃選書／黃靖卉
責任編輯／黃靖卉

版　　權／黃淑敏、翁靜如
行銷業務／張媖茜、黃崇華
總 編 輯／黃靖卉
總 經 理／彭之琬
發 行 人／何飛鵬
法律顧問／台英國際商務法律事務所羅明通律師
出　　版／商周出版
台北市104民生東路二段141號9樓
電話：(02) 25007008　傳真：(02)25007759
blog : http://bwp25007008.pixnet.net/blog
E-mail : bwp.service@cite.com.tw
發　　行／英屬蓋曼群島商家庭傳媒股份有限公司城邦分公司
台北市中山區民生東路二段141號2樓
書虫客服服務專線：02-25007718；25007719
服務時間：週一至週五上午09:30-12:00；下午13:30-17:00
24小時傳真專線：02-25001990；25001991
劃撥帳號：19863813；戶名：書虫股份有限公司
讀者服務信箱：service@readingclub.com.tw
城邦讀書花園：www.cite.com.tw
香港發行所／城邦（香港）出版集團有限公司
香港灣仔駱克道193號東超商業中心1樓　E-mail:hkcite@biznetvigator.com
電話：(852) 25086231　傳真：(852) 25789337
馬新發行所／城邦(馬新)出版集團 Cite (M) Sdn Bhd
41, Jalan Radin Anum, Bandar Baru Sri Petaling,
57000 Kuala Lumpur, Malaysia.
Tel: (603) 90578822　Fax:(603) 90576622　E-mail:cite@cite.com.my

封面設計／徐璽設計工作室
排版及版型設計／洪菁穗
印　　刷／中原造像股份有限公司
經 銷 商／聯合發行股份有限公司
電話：(02)2917-8022　傳真（02）2911-0053
地址：新北市231新店區寶橋路235巷6弄6號2樓

■2016年11月3日初版一刷　　Printed in Taiwan

定價 340元

城邦讀書花園
www.cite.com.tw

　ISBN 978-986-477-113-4

商周出版

廣 告 回 函
北區郵政管理登記證
北臺字第000791號
郵資已付，免貼郵票

104 台北市民生東路二段141號2樓

英屬蓋曼群島商家庭傳媒股份有限公司城邦分公司 收

請沿虛線對摺，謝謝！

商周出版

書號：BUE006 書名：軟體打造科技大未來 編碼：

請於此處用膠水黏貼

商周出版

讀者回函卡

感謝您購買我們出版的書籍！請費心填寫此回函卡，我們將不定期寄上城邦集團最新的出版訊息。

不定期好禮相贈！
立即加入：商周出版
Facebook 粉絲團

姓名：＿＿＿＿＿＿＿＿＿＿ 性別：□男 □女

生日：西元＿＿＿＿年＿＿＿＿月＿＿＿＿日

地址：＿＿＿＿＿＿＿＿＿＿

聯絡電話：＿＿＿＿＿＿＿＿ 傳真：＿＿＿＿＿＿＿＿

E-mail：

學歷：□ 1. 小學 □ 2. 國中 □ 3. 高中 □ 4. 大學 □ 5. 研究所以上

職業：□ 1. 學生 □ 2. 軍公教 □ 3. 服務 □ 4. 金融 □ 5. 製造 □ 6. 資訊
□ 7. 傳播 □ 8. 自由業 □ 9. 農漁牧 □ 10. 家管 □ 11. 退休
□ 12. 其他＿＿＿＿＿＿＿＿

您從何種方式得知本書消息？

□ 1. 書店 □ 2. 網路 □ 3. 報紙 □ 4. 雜誌 □ 5. 廣播 □ 6. 電視
□ 7. 親友推薦 □ 8. 其他＿＿＿＿＿＿＿＿

您通常以何種方式購書？

□ 1. 書店 □ 2. 網路 □ 3. 傳真訂購 □ 4. 郵局劃撥 □ 5. 其他＿＿＿＿

您喜歡閱讀那些類別的書籍？

□ 1. 財經商業 □ 2. 自然科學 □ 3. 歷史 □ 4. 法律 □ 5. 文學
□ 6. 休閒旅遊 □ 7. 小說 □ 8. 人物傳記 □ 9. 生活、勵志 □ 10. 其他

對我們的建議：＿＿＿＿＿＿＿＿＿＿

【為提供訂購、行銷、客戶管理或其他合於營業登記項目或章程所定業務之目的，城邦出版人集團（即英屬蓋曼群島商家庭傳媒（股）公司城邦分公司、城邦文化事業（股）公司），於本集團之營運期間及地區內，將以電郵、傳真、電話、簡訊、郵寄或其他公告方式利用您提供之資料（資料類別：C001、C002、C003、C011 等）。利用對象除本集團外，亦可能包括相關服務的協力機構。如您有依個資法第三條或其他需服務之處，得致電本公司客服中心電話 02-25007718 請求協助。相關資料如為非必要項目，不提供亦不影響您的權益。】

1.C001 辨識個人者：如消費者之姓名、地址、電話、電子郵件等資訊。
2.C002 辨識財務者：如信用卡或轉帳帳戶資訊。
3.C003 政府資料中之辨識者：如身分證字號或護照號碼（外國人）。
4.C011 個人描述：如性別、國籍、出生年月日。

請於此處用膠水黏貼